René Zeyer   **Cash oder Crash**

René Zeyer

Cash oder Crash

Abzocker durchschauen
Eine Gebrauchsanweisung

orell füssli Verlag AG

Umschlagabbildung: gettyimages / David Arky
Umschlaggestaltung: Andreas Zollinger, Zürich
Druck: fgb • freiburger graphische betriebe, Freiburg

ISBN 978-3-280-05440-6

Bibliografische Information der Deutschen Nationalbibliothek:
Die Deutsche Nationalbibliothek verzeichnet diese Publikation in der Deutschen
Nationalbibliografie; detaillierte bibliografische Daten sind im Internet über
http://dnb.d-nb.de abrufbar.

MIX
Papier aus verantwor-
tungsvollen Quellen
FSC® C011100

Gebrauchsanweisung

Willkommen. Wild und kraus geht es im Wirtschaftsleben zu. Seitdem sich ein Teilbereich der Philosophie mit Adam Smith (1723–1790) und David Ricardo (1772–1823) selbstständig gemacht hat (Spin-off), terrorisiert uns die Volkswirtschaft mit Annahmen über die menschliche Natur. Und ihre finstere Unterwelt, die Finanzwissenschaft, erklärt uns, warum das alles richtig ist. Sie hat ein Pandämonium von Schrecklichkeiten geschaffen, um die Welt nach ihrem Wesen umzumodeln.

Hier werden Sie geholfen: Finanzblasen, Wortblasen, Phrasen. Krise vorbei, Krise da, Krise kommt? Fachleute streiten sich; auf dem Markt der Meinungen ist alles zu haben: frohe Kunde von Prosperität und Wohlstand oder düstere Warnung vor Untergang und Armut. Cash oder Crash.

Aber: Verstehen Sie Geld? Verwenden Sie dieses Lexikon als Vademecum auf Ihrem Weg durch den Finanzdschungel. Denn der klare Blick ist ja auch etwas wert, wenn der Schein trügt. Und *das* werden Sie in alphabetischer Folge von Ackermann bis Zins antreffen:

A

Ackermann, Josef ▶ Josef «Victory-Zeichen» Ackermann personifiziert den modernen Finanzkapitalismus. Es war ein langer Weg vom Seppli aus dem sankt-gallischen Mels, 7000 Einwohner, zum Oberst der Schweizer Armee, zum Investmentbanker Joe, zur Nummer zwei der Credit Suisse, zum Chef der Deutschen Bank, zum Herrn über 77 000 Mitarbeiter, zum Herrn des Geldes.

Nur sehr selten verliert er die Contenance, so wie am Anfang des Mannesmann-Prozesses im Jahre 2004. Ackermann und weiteren Angeklagten wurde vorgeworfen, den Konzern während der Übernahme durch Vodafone um rund 60 Millionen Euro geschädigt zu haben, durch überhöhte Prämienzahlungen an Mannesmänner wie Klaus Esser.

«Dies ist das einzige Land, in dem diejenigen, die Erfolg haben und Werte schaffen, vor Gericht gestellt werden», rutschte Ackermann heraus. Immerhin ging es damals auch um seinen Kopf, im Falle einer Verurteilung mit Vorstrafe hätte er von seinem Chefposten bei der Deutschen Bank zurücktreten müssen. Am Schluss wurde es eine Geldbuße von 3,2 Millionen Euro, 400 000 Euro fehlten zur Vorstrafe. Das Deutsche Bundesgericht schrieb ihm ins Stammbuch, dass er sich wie ein Gutsherr aufführe, nicht wie ein Gutsverwalter.

Dieser Satz muss ihn hart getroffen haben, denn Ackermann ist mit sich selbst im Reinen. Er sieht sich nicht als Herr, sondern als Diener. Er kündigte Milliardengewinne und gleichzeitig die Entlassung von 6000 Mitarbeitern an. Er baute die Deutsche Bank zum Global Player um, setzte voll auf Risiko und Investment Banking und steckte Milliardenverluste weg, als nur noch «the stupid Germans» (so nannte das der damalige DB-Trader Greg Lippmann) verpackte, umverpackte und gescheibelte → *CDO-Hyposchrottpapiere* kauften. Ackermann verkündete eine → *Kernkapitalrendite* von 25 Prozent als das Maß aller Dinge, bezweifelte öffentlich die Fähigkeit → *Griechenlands*, seine → *Schulden* zurückzuzahlen, und verweigerte erfolgreich eine Beteiligung der Deutschen Bank an Finanzrettungsmaßnahmen.

Aber all das tat er nicht als Herr des Geldes, sondern als Diener der Märkte, der Aktionäre, als Erfüllungsgehilfe von Mechanismen, Regeln, Finanzgesetzen, wo es nur um richtig oder falsch, Sieg oder Niederlage, Erfolg oder Untergang geht. Nicht, dass Ackermann deswegen ein unmoralischer, unethischer oder gar unredlicher Mensch wäre. Ganz im Gegenteil, er gesteht, dass er «nur schwer an einem Menschen vorbeigehen kann, der Geld braucht». Allerdings bewegt er sich auf der Straße immer in einer gepanzerten Mercedes-Limousine. Aber darin kann er keinen Widerspruch erkennen, sodass er die Bettler im Frankfurter Bahnhofsviertel nicht so richtig zu sehen bekommt. Wenn Mitarbeiter der Deutschen Bank dem überforderten Kämmerer einer deutschen Kommune oder einem Privatanleger einen → *Spread-Ladder-Swap* andrehen, der noch komplizierter als sein Name ist, dann hat Ackermann damit kein Problem. Schließlich waren alle Beteiligten erwachsene Menschen, und der Investor wusste, welches «Risiko er nimmt». Ackermann weiß, dass Investoren Gewinne gerne mitnehmen, bei Verlusten aber jammern, Moral, Anstand und Vertrauen bemühen. Über diese menschlichen Schwächen kann er verstehend hinweglächeln.

Ackermann ist als Diener der globalen Märkte unermüdlich in der ganzen Welt unterwegs, New York, London, Shanghai, Tokio, Berlin, das kann ohne Weiteres ein Wochenpensum sein, auch wenn er dann manchmal beim Aufwachen nicht «genau weiß, wo ich eigentlich bin», und den Lichtschalter nicht gleich findet. Aber wer er ist und was er will, das weiß er immer. Vor allem will er, dass man ihm als gehorsamem Diener der Märkte möglichst wenig Knüppel zwischen die Beine wirft. Deshalb ist Ackermann der Präsident des Institute for International Financing, der wichtigsten Lobby-Vereinigung des internationalen Finanzkapitals, das sich machtvoll gegen jegliche Regulierung *(→ Basel)* der Banken wehrt, er ist gern gesehener Gast bei der Bilderberg-Konferenz, Mitglied der Trilateralen Kommission, natürlich in Davos beim WEF.

Er ist sicherlich einer der mächtigsten Männer der Welt, aber «low key Joe» hat es nicht nötig, bei einem Treffen mit der deutschen Bundeskanzlerin darauf hinzuweisen, dass sie zwar an der Regierung, aber nicht an der Macht ist. Sie weiß das.

Aktie, die ▶ Selbst dieses banale Investitionsinstrument wurde im Rahmen des modernen Financial Engineering *(→ Alchemie)* pervertiert.

Ursprünglich war eine Aktie ein Anteilsschein an einem Unternehmen. Ein Investor sicherte sich damit die Beteiligung einer Firma, weil er davon ausging, mit seinem geliehenen Geld werde mehr Wertschöpfung hergestellt, damit er an dem dadurch entstehenden Gewinn partizipiere und im Übrigen nach Maßgabe seiner Beteiligung als Aktionär über die Geschäftspolitik der Firma mitbestimmen könne. Bei einer kotierten (frz. coter, den Kurswert angeben) Gesellschaft konnte der Investor zusätzlich auf einem Marktplatz, der *→ Börse*, seinen Anteilsschein verkaufen oder neue dazukaufen, wobei der Preis einer Aktie vom Wert der Firma abhing, zusätzlich von Angebot und Nachfrage und der im Kurs widergespiegelten Erwartung der zukünftigen Entwicklung – so weit die Theorie, wie sie bis heute an Wirtschaftsuniversitäten gelehrt wird. Die Praxis sieht natürlich ganz anders aus.

Zunächst einmal kann der Aktienkurs inzwischen beinahe beliebig manipuliert werden. Dafür reicht der durch den Einsatz von → *Derivaten* fast beliebige → *Hebel*. Wer nun mit Leerverkäufen darauf spekuliert, dass der Kurs einer Aktie demnächst sinken wird, möchte ja sicherstellen, dass diese Aktie beispielsweise in zwei Wochen tatsächlich weniger wert ist als heute, wenn der Spekulant sie zum heutigen Kurswert liefern muss. Vor allem, wenn der Spekulant bei einem ungedeckten → *Leerverkauf* nicht einmal Besitzer der Aktie zum heutigen Preis ist.

Daneben gibt es weitere, nur im Prinzip strafbare Methoden, mit einer Aktie Geld zu verdienen. «Front Running» nennt man das Ausnutzen von Vorwissen. Ein Beispiel: Ein Händler soll auf einem engen Markt ein Kundengeschäft tätigen. Da er deshalb weiß, dass der Kurs der entsprechenden Aktie steigen oder fallen wird, lässt er durch Strohmänner vorher entsprechende Orders umsetzen, gerne auch gehebelt durch leere Put- oder Call-Optionen.

Insiderhandel, also das Ausnützen von nicht allgemein bekannten, kursrelevanten Informationen, ist weit verbreitet und wird sehr selten bestraft. Völlig straffrei geht ein Broker beim *Churning* aus, also beim häufigen Umschichten von Depotwerten, um damit möglichst hohe Provisionen abzukassieren. «Scalping» – ein toller Begriff – nennt man das Schön- oder Runterreden einer Aktie oder eines Derivats unter Berufung auf die freie Meinungsäußerung. Natürlich versichern alle Herausgeber von Anlagetipps, Börsenbriefen und Newslettern, dass sie selbst mit den von ihnen erwähnten Papieren nicht handeln. Aber können sie etwas dafür, wenn das Familienmitglieder, Freunde oder noch besser Anwälte oder Treuhänder für sie tun?

Aber selbst das ist inzwischen nur etwas für Anfänger und Stümper. Richtig geht die Post erst bei → *High Frequency Trading* ab.

Alchemie, die ▶ Alchemisten bedienen sich einer verschlüsselten Fachsprache, die für Außenstehende nicht verständlich ist. Sie wollen unedle Stoffe mit edlen Prinzipien transmutieren oder verwandeln. Ist der Stein der Weisen einmal gefunden, kann selbst aus Luft oder Dreck Gold gewonnen werden. Erst die moderne Chemie entlarvte diese Versuche der Umwandlung eines Elements in ein anderes als untauglichen Mumpitz.

Moderne Alchemie heißt «Financial Engineering», gerne auch noch um den Begriff «high-tech» erweitert. Ursprünglich begann es als Darstellung der Möglichkeiten des Zusammenspiels mehrerer Finanzprodukte. Die Hohepriester dieser Pseudowissenschaft nennen sich tatsächlich und im Ernst Finanzingenieure. Dabei haben sie meistens von Finanzen kaum eine Ahnung, dafür umso mehr von Mathematik und Physik. Mit Formeln, die größtenteils aus der Wahrscheinlichkeitsrechnung (→ *Black-Scholes-Modell*) stammen, wollen sie die Illusion vermitteln, dass die Zukunft berechenbar, planbar und überschaubar sei. Darüber könnte man noch milde lächeln, denn auch Astrologen, Handlinienleser und Kaffeesatzdeuter widmen sich der gleichen Tätigkeit, mit durchaus durchwachsenen Ergebnissen. Dafür kassieren diese Prognostiker allerdings meist ein eher bescheidenes Honorar, und es ist kein Fall bekannt, dass sie mit ihrer Tätigkeit das weltweite Finanzsystem an den Rand des Abgrunds geschubst hätten.

Anders bei den Finanzingenieuren. Alle Produkte aus der Hexenküche der modernen Geldalchemie wurden von ihnen designt, entwickelt, in genauso ellenlange wie unverständliche Formeln und Algorithmen verpackt. Ein → *CDO*, ein → *Spread-Ladder-Swap*, ein «Multi Barrier Reverse Convertible», Asset Backed Securities, ein Cat-Bond (eine Katastrophen-Anleihe), alles, was mit der Verbriefung von vormals nicht handelbaren Schulden wie Hypotheken zu tun hat, strukturierte Produkte, von Insidern liebevoll Strukis genannt, ganze Schwärme von finanziellen Massenvernichtungswaffen wurden von diesen Finanzingenieuren erfunden.

Da damit unbestreitbar neue Risiken entstanden, die es vor der Erfindung dieses Gebastels gar nicht gab, lieferten die Finanzingenieure auch noch gleich die Formeln und Matrixen (man lasse sich nur den Ausdruck Zwölf-Felder-Risikomatrixen auf der Zunge zergehen), mit denen dann dank überlegenem Risk-Management die neu in die Welt gesetzten Risiken angeblich beherrscht werden können. Ihre Wirkungsstätten nennen diese Finanzingenieure zum Beispiel «Structured Derivates Incubation», als würden hier wie in der Biologie Enzyme auf ein Substrat einwirken, natürlich unter strikten wissenschaftlichen Rahmenbedingungen.

Die verschlüsselte Fachsprache dieser Inkubatoren oder Ausbrüter verstehen die Verkäufer, normalerweise Investmentbanker, natürlich nicht, genauso wenig wie der Marktschreier eine alchemistische Zauberformel verstand, die er unters Volk bringen wollte.

Ein paar tausend Milliarden an Schäden und Verlusten später lassen sich allerdings diese Finanzingenieure weiterhin nicht von ihrem Wahn abbringen, dass sie den Finanzmarkt mit steuerbaren und sinnvollen Produkten und Methoden bereichern. In Wirklichkeit sind sie in einem mathematischen Mäntelchen auftretende Alchemisten, gegen die Daniel Düsentrieb ein wahres Ingenieurgenie ist. Abgesehen davon, dass es den gar nicht gibt und er auch keinen Schaden anrichtet.

Analyst, der ▶ Ein Analyst ist ein überbezahlter Muschelwerfer, ein Wahrsager, der sich nicht mehr einen Zauberhut aufsetzt und höhere Mächte anruft, um die Zukunft vorherzusagen, sondern sich in eine Wolke von mathematischen Formeln und Algorithmen hüllt. Er lässt nicht mehr Rauchwolken aufsteigen, aus deren Form er schließt, ob es morgen regnet oder nicht. Er benützt stattdessen Supercomputer, die in Teraflop-Geschwindigkeit riesige Datenmengen verarbeiten. Daraus leitet er mit Voodoo-Modellen wie dem von → *Black Scholes* Wertentwicklungen beispielsweise von → *Derivaten* ab, die ja nichts anderes als Wettscheine ohne Wert sind.

Im Gegensatz zu seinen mittelalterlichen Vorläufern, deren Geschäftsrisiko darin bestand, dass ihre Vorhersagen eintreffen konnten oder eben auch nicht, hat es der Analyst zu einer Meisterschaft in der sich selbst erfüllenden Prophezeiung gebracht. Er sagt zum Beispiel voraus, der nächste Quartalsbericht der Bank «Gier & Söhne» werde aufgrund seiner tiefschürfenden Untersuchung einen Reingewinn von 500 Millionen ausweisen. Sollte das zufällig der Fall sein, klopft sich der Analyst selbst auf die Schulter, nickt im Gestus der wissenschaftlichen Überlegenheit und kassiert einen Bonus für seine großartige Vorhersage. Da die Zukunft in Wirklichkeit selbstverständlich nicht prognostizierbar ist, passiert es natürlich mit gnadenloser Regelmäßigkeit, dass «Gier & Söhne» statt eines Gewinns in ihrer → *Bilanz* einen Verlust von 100 Millionen bekannt gibt. Nun müsste der Analyst Asche auf sein Haupt streuen, in den Bildschirm seines Computers treten oder sich, wie seine mittelalterlichen Vorgänger, so schnell wie möglich vom Acker machen. Aber seither hat die Zunft der Zukunftsforscher dazugelernt. Statt zerknirscht einen weiteren Reinfall einzugestehen, gibt der Analyst lautstark bekannt, dass er von diesem Ergebnis «überrascht», gar «enttäuscht» sei. Damit gewinnt er seine Deutungshoheit zurück und riskiert die nächste Prognose, dass aufgrund dieser, seiner mit mathematischer Präzision erfolgten Analyse widersprechenden, Entwicklung der Aktienkurs des Bankhauses «Gier & Söhne» kräftig in den Keller rauschen wird. Wunder über Wunder, diese Prognose trifft dann tatsächlich ein, der Analyst lässt die Champagnerkorken knallen und macht sich mit neuer Selbstsicherheit an die nächste Zukunftsvorhersage.

Man könnte nun diesem Treiben der weltweit Zehntausenden von Analysten so amüsiert wie weiland den Verrenkungen eines Schamanen zuschauen – wenn es nicht ein volkswirtschaftlich bedenkliches Problem dabei gäbe: Denn diese Heere von «Spezialisten» kassieren Jahr für Jahr Milliardenbeträge in Form von Honoraren und geldwerten Zusatzvergütungen, die im modernen Bankertalk → *Boni* genannt werden, ohne die geringste als Wertschöpfung messbare Leistung dafür zu erbringen. Da Geld zwar für nichts ausgegeben werden kann, aber nicht aus dem Nichts entsteht, sind Analysten nichts anderes als moderne Raubritter, Wegelagerer, die einen Schutzzoll für das Abwenden einer Gefahr erheben, die sie selber darstellen.

Dabei war ihr kollektives Versagen noch nie so offenkundig

wie heute. Von einem halben Dutzend abgesehen, hat kein einziger dieser hochbezahlten Analysten das Finanzdesaster des Jahres 2008 vorhergesehen. Die einzig gute Nachricht: Im Vergleich zu Investmentbankern, → *Private Bankern* oder → *Tradern* verdienen Analysten lediglich Peanuts.

Anlageberater, der ▶ Mit ihren Wortblasen könnte man ein ganzes Buch füllen. Aber selten wird ihr geballtes Fachwissen dermaßen auf den Punkt gebracht wie in einem Interview, das die Geschäftsführerin der Schweizer CFA-Sektion der «Neuen Zürcher Zeitung» gewährte. CFA steht für «Chartered Financial Analyst», und der Titel CFA wird weltweit einem ausgewählten Kreis von Finanzanalysten mit Hochschulabschluss und großer Berufserfahrung nach dem Bestehen umfangreicher Prüfungen verliehen. Rund 100 000 Mitglieder hat diese Vereinigung der klügsten Köpfe der wissenschaftlichen Analyse – umwerfende Erkenntnisse, Kompetenz, höhere Kunst, Spezialisten.

Was sind also die wichtigsten Ratschläge für verunsicherte Anleger, die das CFA-Institut, für einmal umsonst, zu bieten hat? «Man muss auch das Unerwartete erwarten», tut die Geschäftsführerin Schweiz kund. Aber hallo, da merkt man doch, wie sich diverse «Black Belts» und Zusatzstudien in Harvard auszahlen. Leider erklärt die CFA-Sprecherin nicht, wie man das macht. Der Laie würde vermuten, dass man das Unerwartete nicht erwarten kann, weil es ja dann nicht mehr unerwartet wäre. Doch damit zeigt der Laie wohl wieder mal, dass er keine Ahnung von Finanzwissenschaft hat.

Aber vielleicht geht es ja eine Nummer kleiner: Was soll der verunsicherte Geldanleger denn tun? Auch da weiß CFA Rat: «Der Anleger soll schauen, dass sein Berater dynamischer empfiehlt.» Großartig, und wie soll sich diese Dynamik äußern? «Man sollte das gesamte Portefeuille anschauen, und zwar häufiger.» Bevor wir angesichts solch geballter Fachkompetenz zusammenbrechen, sind wir gespannt auf die Antwort auf eine letzte, leicht kritische Frage. Wie stehe es denn mit den durchaus beeindruckenden Gebühren, die Anlageberater für ihre häufigen Fehlanalysen verlangen? Auch da gibt es eine Weisheit vom Olymp der Finanzbranche: «Ich denke, dass es sehr gut ist, dass solche Fragen gestellt werden.»

Nein, vielen Dank, keine Fragen mehr – aber noch eine Antwort: Ein Anlageberater, mit Titel oder ohne, ist kein Berater, sondern ein Verkäufer, ein Büroschwengel, der häufig bereits einen anderen Beruf verfehlt hatte, bevor er herausfand, dass man mit wichtigtuerischem Geschwätz oder dem einfachen Herunterlesen eines → *Wording* risikolos, verantwortungslos und ohne jegliche Haftung für seine Beratung befürchten zu müssen viel Geld verdienen kann. Nein, nicht verdienen. Kassieren.

Anlageformen, die ▶ In den guten alten Zeiten, als ein Wertpapier noch etwas wert war, gab es → *Aktien,* → *Obligationen,* das Sparbuch und als scharfen Tipp für Insider Festgeldanlagen. Betuchtere Kunden führte ihr persönlicher Bankberater in die bunte Welt eines Fonds *(→ Hedgefonds)* ein, der das investierte Geld in eine als bekömmlich erachtete Mischung von real gekauften Aktien oder Obligationen investierte.

Der Bankbeamte, so hieß der damals noch, empfahl dem konservativen Anleger Staatspapiere und dazu vielleicht noch ein paar → *Obligationen* erstklassiger Schuldner. Wurde etwas mehr Pep verlangt, fügte er noch ein paar Aktien hinzu, aber nur Blue Chips, also Aktien stabiler, angesehener Unternehmen von hoher

Solidität und Bonität, etwa von Nestlé, großer Pharma-Betriebe, Volkswagen, Siemens, durchaus auch der eigenen Bank. Dabei verwendete der Bankbeamte selbst den Ausdruck Blue Chip nur ungern. Denn er wusste noch, dass der Begriff von blauen Jetons abstammt, die bei Pokerrunden traditionell den höchsten Wert haben.

In den schlechten neuen Zeiten, in denen mehr → *virtuelles* als reales Geld existiert, gibt es einen unübersehbaren Zoo von Anlageformen im modernen Zockercasino. Hier gibt es im Grunde genommen wenig zu erklären: Alle versprechen künftige Sensationsgewinne, wenn man den Fondsmanagern schon jetzt sein Geld überlässt. Tausende von Fonds, strukturierte, offene oder geschlossene, ein Meer von → *Optionen,* → *Derivaten,* ja sogar → *Swaps, Baskets,* → *Cocos,* Termingeschäfte in allen Formen (dafür gab es früher die Warenterminbörse), Futures, Hebelzertifikate, Indexswaps, *Credit Default Swaps,* Credit Default Obligations *(→ CDO)* oder gar Wetterderivate. Es gibt Knock-out-Warrants, Barrier Reverse Convertibles, Tracker-Zertifikate und die unbegrenzten Möglichkeiten strukturierter Produkte, liebevoll auch Strukis genannt. Eine eher einfache Produktbeschreibung kann sich etwa so anhören: «Barrier Reverse Convertibles verhalten sich gleich wie Reverse Convertibles, mit dem Unterschied, dass die Put-Option mit einer Knock-in-Barriere versehen ist. Wird die Barriere berührt oder unterschritten, verwandelt sich das Produkt in einen normalen Reverse Convertible.»

Der Banker, so heißt der heute, empfiehlt dem Anleger, ob konservativ oder renditeorientiert, ein Gebastel aus dieser Auswahl. Die meisten Banker und Kunden eint, dass beide nicht die geringste Ahnung haben, worum es sich dabei eigentlich handelt. Der Banker hat aber einen entscheidenden Informationsvorsprung. Er weiß, dass er auf jeden Fall eine Kommission am Verkauf verdient – selbst wenn er dem Kunden ein Derivat empfiehlt, das eigentlich nichts anderes als eine in blumige Worte eingekleidete Wette darauf ist, ob die indonesische Nationalflagge vor der Börse von Jakarta nach Norden oder nach Süden weht.

Pokerrunde und Beratungsgespräch haben endlich zusammengefunden, es werden Chips verteilt, blaue, grüne, gelbe und schwarze, und selbst wer als Gewinner vom Spieltisch aufsteht, muss an der Kasse gelegentlich feststellen, dass seine Jetons nicht in Geld umgewandelt werden können: Die Bank ist blank. Aber der Banker hat seine eigenen Blue Chips vorher noch rechtzeitig in Cash gewechselt, versteht sich.

Ausgabeaufschlag, der → *Retrozession*

B **Bank, die** ▶   Früher war eine Bank ein Dienstleistungsbetrieb. Anderweitig nicht gebrauchtes Geld wurde entgegengenommen und verzinst. Dieses Geld wurde nach der Überprüfung von Sicherheiten verliehen, und von der Differenz der Zinszahlungen lebte der Banker.

Dann entdeckten die Banker, dass normalerweise weder gleichzeitig alle Kreditoren ihr Geld zurückwollten noch alle Debitoren gleichzeitig pleitegehen. Der erste → *Hebel (Leverage)* war erfunden. Die Bank tätigte Geschäfte mit einer größeren Geldsumme, als sie eigentlich besaß.

Dann entdeckte die Bank, dass die Abkehr vom Prinzip der persönlichen Haftung der Bankbesitzer und ihr Ersatz durch das Verteilen von Aktien das Haftungsrisiko auf nahezu null reduzierte. Seither können Banken mit einem Eigenkapital von beispielsweise 30 Milliarden Bilanzräder von 1000 Milliarden und mehr drehen. Ein Verlust von lediglich drei Prozent bedeutet das Ende, Gewinne in beliebiger Höhe verbleiben in der Bank, beziehungsweise werden von deren Angestellten abgegriffen (→ *Bonus)*.

Dann erfanden Banken die Handelbarkeit aller Arten von Schulden (→ *Derivate)*, womit sich das Risiko der handelnden Bank minimieren und Profit durch haftungsfreies Handeln mit diesen Derivaten in Form von Kommissionen maximieren lässt.

Da Banken alles können, außer selbst Geld drucken, nahmen sie dann die Staaten mitsamt deren Notenpressen in → *Geiselhaft*, indem sie sich als zwar nicht unfehlbar, aber → *too big to fail* proklamierten.

Der mit Gratis-Geld *(→ Zins)* zur Hypertrophie aufgeblasene Finanzmarkt verwandelte harmlose Kundenbanken zu Kolossen, unter deren Schritten ganze Staaten erzittern, die nicht mehr wissen, wie sie ihrer Herr werden könnten (→ *Geiselhaft*).

Also alles in allem die Verwandlung einer notwendigen, aber eigentlich unbedeutenden Dienstleistung, nämlich das Entgegennehmen und Verleihen von Geld, in ein Monstrum, unbeherrschbar und wie alle Ungeheuer zum Untergang verurteilt.

Banker, der ▶ Den Bankern wird unter anderem vorgeworfen, sie hätten aus der aktuellen Finanzkrise nichts gelernt. Das ist natürlich falsch. Die Banker haben nach dem Platzen einiger von ihnen erfundener Finanzblasen wie den → *CDO* gelernt, dass die dadurch entstandenen Verluste der Allgemeinheit überbürdet werden können.

Die Banker haben gelernt, dass «too big to fail» auch «too big to jail» beinhaltet, also Unfähigkeit, Gier, persönliche Bereicherung und völlige Verantwortungslosigkeit, von wenigen Ausnahmen wie → *Madoff* abgesehen, weder finanzielle noch juristische Konsequenzen hat.

Die Banker haben gelernt, dass der Handel mit Staatsschuldpapieren mindestens so lukrativ wie derjenige mit jedem beliebigen anderen Wettschein ist.

Die Banker haben gelernt, dass sowohl mit der Ausgabe von Kreditpapieren wie mit der Spekulation auf deren Wertzerfall an beiden Enden Profit gemacht werden kann.

Die Banker haben gelernt, wie das Rezept für eine Finanzblase lautet. Man nehme schlecht informierte Mitspieler, einen → *Hebel (Leverage)* von mindestens vierzig, lasse einen Algorithmus entwickeln, der auf einem Supercomputer läuft, nütze das völlige Fehlen von Reglementierungen und Schranken aus und fange an, Geld zu zählen. Das eigene natürlich.

Die Banker haben gelernt, dass man der staunenden Welt-
öffentlichkeit ein ums andere Mal den gleichen Taschenspielertrick vorführen kann: Wir machen aus Geld mehr Geld. Denn
irgendwo im virtuellen Raum der modernen Finanzmärkte stehen unsichtbare Gelddruckmaschinen.

Und sie haben gelernt, dass → *Reputationsmanagement* ihr
wichtigstes Betriebskapital ist. Damit verstellen sie den Blick auf
eine banale Tatsache: Konservativ geschätzt sind 90 Prozent ihrer Tätigkeit wertlos, nutzlos und völlig überflüssig, dafür aber
schädlich, brandgefährlich und geprägt von völliger Verantwortungslosigkeit, Inkompetenz sowie reiner Geldgier.

Die Banker erbringen eine Dienstleistung, ähnlich wie ein
Kellner, der Speisen von der Küche an den Tisch trägt und an-
schließend die leeren Teller abräumt. Ein Kellner würde aus dem
Lokal gelacht, wenn er unterwegs eine Pirouette drehen, mit drei
Töpfen jonglieren oder mit wichtiger Miene das Salatblatt um-
drehen würde und für diese ungeheuerliche Sonderleistung einen
Bonus in mindestens doppelter Höhe des Preises des Gerichts
verlangte.

Bankrott, der ▶ Bankrott ist eine feine Sache, vor allem für
den Schuldner. Ob man ihn umgangssprachlich Konkurs oder
vornehmer Insolvenz nennt – es läuft darauf hinaus, dass sich
die Gläubiger ihre gesamten Forderungen oder einen Teil davon
ans Bein streichen können.

Bankrott wird aktuell, wenn einem Unternehmen die Schulden über den Kopf wachsen, nicht einmal mehr die Kreditzinsen
bedient werden können und auch keine neuen Kredite erhältlich sind. Bankrott ist umgangssprachlich das Gleiche wie der
Konkurs; früher sprach man beim Bankrott vom «betrügerischen

Konkurs». Aber das ist nicht so wichtig, weil sich heute das eine oft nicht vom anderen unterscheiden lässt. Wichtig ist darüber hinaus, dass der Gläubiger, sonst hieße er nicht so, den Glauben daran verloren hat, dass die Wirtschaftsentität, in die er investiert hat, sich mit Weiterwursteln in Zukunft vielleicht erholen könnte.

Ein Bankrott ist nicht das Ende der Welt und nicht einmal das Ende eines Staates. Argentinien ist seit 2002 pleite, dennoch gibt es das Land der Gauchos weiterhin. Griechenland war die Hälfte seiner Existenz als Nationalstaat insolvent, ist auch heute definitiv und amtlich bankrott, dennoch wird der Staat nicht untergehen.

Ein Bankrott ist eine bittere Sache, vor allem für die Gläubiger. Sie können einen guten Teil ihrer Forderungen abschreiben – es sei denn, es handelt sich um Staatsschuldpapiere in den Tresoren von Banken. Die haben nämlich bilanztechnisch den Vorteil, dass sie fast immer zum Einkaufswert in die Bankbilanz übernommen werden können, vor allem, wenn sie – wie kürzlich geschehen – durch ein Sicherungssystem der Europäischen Union abgesichert sind. Bei Aktien aus dem freien Markt oder Staatspapieren von bankrotten Staaten müssen regelmäßig Neubewertungen darüber vorgenommen werden, ob sie noch das Geld wert sind, das für sie ausgegeben worden war. Müssten da die europäischen Großbanken griechische und andere Staatspapiere neu und niedriger bewerten, wäre ihr nach wie vor winziges Eigenkapital mal wieder weggeschmolzen, die Bank wäre blank. Und das ist das Einzige, was nach vorherrschender Meinung nicht und nie passieren darf.

Ein Bankrott ist auch eine befreiende Sache. Neustart, alle wissen, woran sie sind, fort mit Schaden, auf ein Neues. Wäre eine feine Sache für Griechenland, aber nicht für die Banken. Bankrott in der von Bankern sogenannten Realwirtschaft bedeutet, dass beispielsweise ein Schraubenfabrikant aus welchen Gründen auch immer die Werkstore schließen muss. Falls er aber nicht unbrauchbaren Schrott herstellte, können seine Infrastruktur, seine Maschinen, sein Know-how und seine Produkte für einen Neuanfang verwendet werden. Anders in der Irrealwirtschaft der Banken. Da sie im Wesentlichen aus prunkvollen Fassaden und gelegentlich einem gewaltigen Safe ohne Handelswert bestehen, immer mit beeindruckenden und repräsentativen Empfangsräumen, Computern, Büroschwengeln und viel heißer Luft gefüllt sind, hinterlassen sie bei einem Bankrott lediglich eine Lücke, die sie vollständig ersetzt.

Selbstverständlich dürfen, sollen und müssen sowohl Einzelpersonen, Firmen, Staaten oder Banken pleitegehen. Keine Wirtschaftseinheit ist → *too big to fail,* kein Finanzinstitut ist «systemrelevant». Im kapitalistischen Wirtschaftssystem darf die Strafe des Untergangs für falsches Geschäften nicht außer Kraft gesetzt oder lediglich zur Bewährung ausgefällt werden.

Welche perversen Wucherungen entstehen, wenn man sie doch außer Kraft setzt, erleben wir zurzeit, nachdem die Verluste von Zockerbanken sozialisiert und die Gewinne privatisiert wurden. «Sozialismus für die Reichen», nennt das Joseph Stiglitz, der ehemalige Chefökonom der Weltbank und Wirtschaftsnobelpreisträger. Von ihm stammt übrigens auch ein hübsches Bonmot zur Qualität seiner Profession: «Die Ökonomie ist die einzige Wissenschaft, in der sich zwei Menschen einen Nobelpreis teilen können, weil ihre Theorien sich gegenseitig widerlegen.»

Basel ▶   Basel ist im Zusammenhang mit Banken zum Synonym für Desaster geworden. In Basel, am Hauptsitz der Bank für internationalen Zahlungsausgleich, setzten sich die Notenbankchefs und staatlichen Aufsichtsbehörden zusammen, um festzulegen, wie viel → *Eigenkapital* im Verhältnis zum Geschäftsvolumen eine Bank haben muss. Der Basler Akkord von 1988 legte fest, dass es mindestens 8 Prozent sind, eine Bank also höchstens 12,5 mal größere Finanzräder drehen darf, als sie selbst wert ist. Damit sollte verhindert werden, dass zu viele Banken zu schnell pleitegehen, wenn die Räder entgleisen. Ein guter Gedanke.

Aber diese Bestimmung führte, wie häufig in der Finanzwirtschaft, zum Gegenteil des Beabsichtigten. Banken verlegten sich einfach auf risikoreichere Kreditgeschäfte, da die ertragreicher sind als risikoarme, aber dennoch mit gleich hohem oder vielmehr niedrigem Eigenkapital unterlegt werden müssen. Darauf entstand ein Wust von weiteren Bestimmungen, die unter dem Begriff Basel II zusammengefasst sind. Sie sollten detailliert regeln, wie hoch das → *Risiko* einer Handelsposition einer Bank zu bewerten ist. Statt damit Klarheit zu schaffen, wurde das Ganze dermassen kompliziert, dass es seither den Banken selbst überlassen ist, eine Risikobewertung vorzunehmen. Das ist ungefähr so, wie wenn die Verkehrstauglichkeit eines Autos vom Besitzer kontrolliert wird, weil das Straßenverkehrsamt mit der Prüfung überfordert wäre.

Als Resultat der jüngsten Finanzkrise geht das Gebastel unter dem Begriff Basel III weiter. Eine entscheidende Rolle spielen dabei weiterhin die → *Rating-Agenturen,* denen es überlassen bleibt, Einschätzungen von Risiken vorzunehmen, auf die sich die Banken dann stützen können. Das ist in etwa so, wie wenn der Besitzer eines Autos nach einem Auffahrunfall darauf hinweisen kann, dass das Fehlen von Bremsen an seinem Gefährt von der von ihm dafür bezahlten Auto-Rating-Bude nicht als Mangel bewertet wurde.

Als Sahnehäubchen der von allen Seiten, außer den Banken selbst natürlich, für dringend notwendig erachteten Neuregulierung der Finanzhäuser ist bislang eine beeindruckende Zahl für die zukünftig notwendige harte Eigenkapitalquote herausgekommen: 7 Prozent. Also weniger als vor der letzten Finanzkrise. Man sollte sich noch daran erinnern, dass der Bankrott der US-Zockerbank Lehman Brothers der Startschuss für die größte Finanzkrise aller Zeiten war. Und man sollte wissen, dass diese Investmentbank noch am Tag vor ihrer Pleite eine Eigenkapitalquote von 11,5 Prozent hatte. Ob man dann Wetten dagegen abschließen würde, dass vor der geplanten Umsetzung der Vorschriften von Basel III im Jahre 2017 bereits die nächste Finanzkrise stattgefunden hat?

Basel kann man vergessen, das denken nicht nur Zürcher. Die USA, obwohl sie diese Übereinkünfte von Basel anregten, haben sich ihnen bis heute nicht angeschlossen.

Basket ▶ Selbst der finanztechnische Laie hat schon davon gehört, dass man nicht alle Eier in den gleichen Korb legen, sprich: nicht nur in ein Produkt, eine Aktie, eine Obligation investieren soll. Deshalb ist den Wortschnitzern des modernen Financial Engineering (→ *Alchemie*) eine wunderschöne Schöpfung im Rahmen des Lügenrepertoires der modernen Abzocke von Kleinanlegern eingefallen: der Basket. Das heißt auch nur Korb, beinhaltet aber eine bunte Mischung von Wertpapieren, minimiert das Risiko, maximiert den Profit. Noch sicherer hört sich das an, wenn der Begriff um das Wort «Zertifikat» erweitert wird, denn Basket-Zertifikate strahlen die Aura eines amtlich abgestempelten Anlagevehikels aus. In Wirklichkeit ist ein Basket-Zertifikat bereits eine Ableitung eines Körbchens, also ein → *Derivat.* Natürlich ist der Inhalt eines Baskets unter Ausnützung aller modernsten Techniken und unter Einsatz von Supercomputern abgemischt, antizipiert jede denkbare Marktentwicklung, rauf, runter, seitwärts, kein Problem. Zudem wird der Gewinn gehebelt *(→ Hebel),* ein eigentlich nur theoretisch vorhandenes Verlustrisiko auf faktisch null heruntergesetzt. Fehlt nur noch, dass sich die Anlageberater beim Verkauf dieses Produkts als Osterhase verkleiden.

Das ist natürlich alles zu schön, um wahr zu sein, deshalb ist es auch nicht wahr. In Wirklichkeit ist ein solcher Basket meistens ein Korb voll fauler Eier. Zunächst zahlt der Anleger für den Korb selbst einen sogenannten Ausgabeaufschlag; werden die Eier gelegentlich ausgewechselt, spricht man von einem aktiven Basket, auch für diese Bemühungen muss natürlich eine Managementgebühr entrichtet werden. Wer den Basket vor Ende seiner Laufzeit abstoßen will, lernt den Begriff «Spread» kennen, nämlich die Spanne zwischen Ankaufs- und Verkaufspreis. Das alles ist aber nur die Verpackung. Schauen wir, was sich hinter den bunt angemalten Produkten verbirgt: häufig faule oder ausgeblasene Eier. Denn die meisten Baskets, ähnlich wie Investmentfonds *(→ Hedgefonds),* enthalten gar keine echten Wertpapiere, sondern lediglich Wettscheine *(→ Derivat)* auf deren Entwicklung. Die Illusion des Anlegers, er habe in seinem Körbchen eine werthaltige Mischung von Aktien oder Obligationen, löst sich im Ernstfall zusammen mit einem leicht fauligen Geruch in Luft auf, wenn er das bunt angemalte Ei aufschlägt.

Und der als Osterhase verkleidete Anlageberater hoppelt fröhlich davon, nicht ohne vorher darauf hingewiesen zu haben, dass er als Hase ja bekanntlich keine Eier legen könne; der enttäuschte Anleger solle sich doch an das Huhn wenden, also an das Finanzinstitut, das diese Eier ausgebrütet und in den Basket gelegt hatte. Dieses Huhn residiere übrigens auf den Jungferninseln, viel Spaß beim Geltendmachen von Forderungen au den kleinen Antillen. Und als letzte Dienstleistung am Kunden fügt der Osterhase noch hinzu, dass sich der Kleininvestor doch mal mit dem Begriff «Emittentenrisiko» (→ *Emittent*) vertraut machen sollte, bevor er das nächste Mal auf eine Mogelpackung hereinfällt.

Bestandesretrozession, die → *Retrozession*

Bilanz, die ▶   Eine Bankbilanz könnte eine gute Sache sein. Aktiva, Passiva, Bilanzsumme, schon hätten wir alle nötigen Informationen über die Liquidität und die Risikosituation einer Bank.

Das schafften schon die Fugger mit Federkiel und Kontorbuch. Doch das schafft keine moderne Bank mehr. Schon alleine die nicht ganz unwichtige Frage, über welches Eigenkapital eine beliebige Großbank heute, jetzt, in diesem Moment verfügt, wird von den Banken mit der lustigen Gegenfrage beantwortet: Definieren Sie mal Eigenkapital! Tier 1 oder core Tier 1? Welches

Rechnungslegungsprinzip hätten wir denn gerne? US GAAP FER oder Swiss GAAP FER oder doch IFRS 7? Mit → *Cocos* oder ohne? Und übrigens, «Repo 105» und alle anderen Bilanztricks wollen wir doch nicht hinterfragen, nicht wahr? Ach, und wenn Sie gerne das risikogewichtete Eigenkapital hätten, definieren wir mal risikogewichtet?

Risikogewichtung ist so kompliziert wie Atomphysik, sagen Sie nun? Das ist richtig, deshalb wird deren Berechnung auch von allen Aufsichtsbehörden an die Banken selbst delegiert – das ist nicht weniger absurd wie die geschilderten Tricksereien um die Eigenkapitalhöhe bei → *Basel* II und III.

Black-Scholes-Modell, das ▶ Eigentlich können weder Fischer Black noch Myron Samuel Scholes etwas dafür. Genauso wenig wie Robert C. Merton, der zusammen mit Scholes 1997 für dieses Berechnungmodell für Finanzoptionen *(→ Option)* den Nobelpreis bekam.

Sie alle können nichts dafür, dass ihr hochmathematisches Modell, das mittlere Streuungen von Aktienpreisen und davon abgeleiteten Optionen unter idealen Bedingungen berechnen soll, von Zockern missverstanden und dafür missbraucht wurde, zukünftige Entwicklungen vorhersagen zu können.

Die hatten nur sehr wenig von impliziten Volatilitäten, dem natürlichen Logarithmus eines Basiswerts, dem Wiener-Prozess oder einer geometrischen Brown'schen Bewegung verstanden. Und bei den im Modell enthaltenen Sensivitäten, den Griechen von Delta über Gamma bis Rho und Omega, verstehen Nicht-Mathematiker sowieso nur Bahnhof. Aber sie nahmen zur Kenntnis, dass der faire Preis oder innere Wert einer Option so zu berechnen sei:

$$C = S_0\Phi(d_1) - Ke^{-rT}\Phi(d_2)$$

$$P = Ke^{-rT}\Phi(-d_2) - S_0\Phi(-d_1)$$

wobei

$$d_1 = \frac{\ln(S_0/K) + (r + \sigma^2/2)T}{\sigma\sqrt{T}}$$

$$d_2 = d_1 - \sigma\sqrt{T}$$

$$\Phi(x) = \int_{-\infty}^{x} \frac{1}{\sqrt{2\pi}} \exp\frac{-z^2}{2} dz$$

die Verteilungsfunktion der Standardnormalverteilung bezeichnet. Alles klar?

Das ließen sich nun Spekulanten von Mathematikern auf einen immer größeren Zoo von Finanz-Derivaten anwenden und verfütterten sie an den Markt. Denn wer solche Formeln anzuwenden versteht, hat ja den Beweis angetreten, dass es eben doch eine → *Finanzwissenschaft* gibt, die sich vor exakten Naturwissenschaften nicht zu verstecken braucht.

Diese Formel leistete einen wesentlichen Beitrag zum Entstehen der letzten Finanzblase im Hypothekenmarkt, zusammen mit der → *CDO*. Denn durch CDOs waren vorher fixe, zwischen einem Hauskäufer und einem lokalen Kreditgeber abgeschlossene Verträge handelbar und verpackbar geworden – und durch die Black-Scholes-Formel wertmässig berechenbar.

Einen einzigen, kleinen Haken hat die Geschichte: Diese Berechnungsmethode basiert auf einer Analyse von vergangenen Entwicklungen. Wer nun daraus schließt, dass endlich eine wissenschaftliche Methode gefunden sei, zukünftige Kursbewegungen mit mathematischer Sicherheit berechnen zu können, irrt gewaltig. Denn der kleine, aber fundamentale Unterschied zwischen Vergangenheit und Zukunft besteht darin, dass in der

Vergangenheit nichts Unvorhergesehenes passieren kann. Wer beispielsweise mithilfe dieses Modells an der japanischen Börse mit Optionen spekulierte, musste sich verwundert die Augen reiben und zur Kenntnis nehmen, dass selbstverständlich ein AKW-GAU genauso wenig wie ein Erdbeben plus Tsunami in der Formel enthalten ist.

Wer im US-Immobilienmarkt mit dieser Formel spekulierte, hätte schon eher wissen müssen, dass ein unbegrenzter Wertzuwachs bei Häusern in der Zukunft zwar eine logische Extrapolierung aus der vergangenen Entwicklung ist, aber natürlich barer Unsinn.

Alle, die das Black-Scholes-Modell heute noch anwenden, und das ist die Mehrheit der Finanzakrobaten, lassen sich nicht einmal durch die Tatsache davon abhalten, dass Scholes und Merton mit dem von ihnen mitgeleiteten Fonds Long Term Capital Management (→ *LTCM*) fürchterlich auf die Nase fielen und für eine der ersten wirklich ernsthaften Finanzkrisen sorgten. LTCM setzte 1998 über 100 Milliarden Dollar in den Sand. Aber das waren ja nur Peanuts im Vergleich zur Fortsetzung im Jahre 2007.

Bondrally, die ▶ Wenn etwas in den letzten 30 Jahren sicher war, dann der Kauf einer Staatsanleihe: kluge Sache, Wertsteigerung, im Verhältnis zum Risiko anständiger Zinssatz. Deshalb empfahlen nicht nur Anlageberater besonders vorsichtigen Kunden Schatzanleihen, auch Verwalter institutioneller Anlagen wie diejenigen von Pensionskassen versorgten hier die Altersgroschen.

Vorbei, verweht, nie wieder. Denn niedrige Leitzinsen machen Schulden attraktiv, Anlagen weniger. Im Jahr 2010 haben US-Staatsanleihen mit fünfjähriger Laufzeit die Schallmauer durchbrochen: Ihre Rendite lag unter der Inflationsrate, die Besitzer verloren Geld damit, dem amerikanischen Staat welches zu leihen. «US-Treasuries bieten Risiko ohne Rendite», spottet James Grant, einer der besten Analytiker des Finanzmarkts, über Staatspapiere.

Die Gleichung ist ganz einfach: Mit vielem neu gedrucktem Geld viele Schulden bezahlen oder dank faktischen Nullzinsen gratis Schulden machen, das führt beides zu steigenden Zinsen, begleitet von Inflation. Nebenbei führt das natürlich auch zu einer Entwertung niedrig verzinster Schuldpapiere. Denn wer will denn noch eine Schatzanleihe zu einem oder zwei Prozent kaufen, wenn er damit rechnen kann, dass es bald wieder solche für 5 oder 8 Prozent geben wird? Ganz abgesehen davon, dass das Vertrauen in die Zahlungsfähigkeit bis über die Ohren verschuldeter Staaten auch schon mal größer war. Besitzer von irischen, griechischen oder auch spanischen Staatsanleihen mit längeren Laufzeiten verloren in den letzten Monaten bis zu 25 Prozent auf den Nennwert beim Verkauf.

Denn Staatspleite oder Inflation, das sind die beiden einzigen Auswege, nicht nur für die üblichen Verdächtigen, sondern auch für die USA, Japan und die gesamte Eurozone. Auf der anderen Seite lauert die Deflation, wogegen sich die Notenbanken natürlich auch wehren. So kündigte die US-Notenbank von der Öffentlichkeit weitgehend unbemerkt an, nochmals die Kleinigkeit von 600 Milliarden neuen Dollars in den Bondmarkt pumpen zu wollen. Das nennt man den Teufel mit dem Beelzebub austreiben.

Geschockt von der Finanzkrise haben Privatanleger weltweit zwischen 2007 und 2010 aus Aktienfonds 290 Milliarden Dollar abgezogen – und 670 Milliarden in Anleihenfonds investiert.

Deshalb, ein typisches Krisenzeichen, wandelt sich die Bondrally in eine, Banker haben ja für alles einen knackigen Begriff, «Sucker's Rally» – die Idiotenrally. Denn während smarte Großinvestoren wie Warren Buffett oder Bill Gross (→ *Pimco*) aus Staatsanleihen aussteigen, greifen Idioten zu.

Bonus, der ▶ Diese legal-kriminelle Bereicherungsmethode von Bankern wird heftig kritisiert und mit gekaufter Schreibkraft verteidigt. Der Worte sind genug gewechselt, es sollen Zahlen sprechen.

Allein die 8 größten Investmentbanken (beziehungsweise ihre Folgeorganisationen) haben von 2006 bis Ende 2010 insgesamt 311 Milliarden Dollar an ihre Angestellten ausbezahlt. Dem stehen 120,4 Milliarden Dollar Dividenden an Aktionäre gegenüber, vor Steuern. Das bedeutet, die Angestellten verdienten 2,6 mal mehr als die Besitzer und Risikoträger. Bei einem durchschnittlichen Steuerabzug von 35 Prozent erhöht sich dieser Faktor auf 4.

Die Finanzkrise sorgte hier für keine Einbrüche, lediglich für besonders pittoreske Sumpfblüten. So zahlte die UBS-Investmentbank von 2006 bis Ende 2010 an ihre Banker 34 Milliarden Dollar, obwohl diese in der gleichen Zeit einen kumulierten Verlust von 44,8 Milliarden Dollar einfuhren. Das ist der Beweis: Investment Banking ist die einzige Tätigkeit, bei der aus Verlusten Profit geschlagen werden kann. Die Credit-Suisse-Investmentbank verzeichnete in der gleichen Periode immerhin einen Gewinn von 4,2 Milliarden Dollar. Für diese Leistung zahlte sie allerdings ihren Investmentbankern 37 Milliarden Dollar aus, also 9-mal so viel. Das ist der Beweis: Investment Banking ist die einzige Tätigkeit, bei der ein Angestellter das Vielfache eines Firmeninhabers verdient.

Aber es ist ja noch schlimmer. Alleine im US-Immobilienderivatemarkt verdienten in erster Linie Investmentbanker in den Jahren 2004 bis 2007 mehr als 1000 Milliarden Dollar an Boni – während sie, unterstützt von Kumpanen auf der ganzen Welt, die größte Finanzkrise aller Zeiten verbrachen und einen geschätzten Schaden von 6000 Milliarden Dollar anrichteten. Das war, bislang, der größte Bankraub aller Zeiten. Wobei die Gangster nicht nur ihre Bank, sondern auch ganze Straßenzüge, ganze Städte, ganze Regionen, ganze Staaten in die Luft sprengten.

Selbstverständlich musste kein einziger Investmentbanker auch nur einen einzigen Dollar jemals zurückzahlen. Sicherer Gewinn ohne Risiko, völlig unabhängig von Wertschöpfung, messbarer Leistung oder Haftung abkassieren: Was der → *Alchemie* bis heute nicht gelang, hier ist es Realität geworden.

Börse, die ▶ Dieser seit dem 14. Jahrhundert existierende Marktplatz dient zum Austausch von Wertpapieren, Devisen, Waren oder davon abgeleiteten → *Derivaten.* Angebot und Nachfrage, die hinter diesen Papieren stehenden Werte sowie die Annahme zukünftiger Entwicklungen bestimmen den Preis. Wer von fallenden Kursen ausgeht, verkauft, wer auf steigende Kurse setzt, kauft. Das Ideal der Börse lautet: Hier treffen Unternehmer, die Geld benötigen, auf Investoren, die Geld anbieten.

So weit die finanzwissenschaftliche Theorie. Natürlich blanker Unsinn. In Wirklichkeit werden heute fast die Hälfte aller Börsengeschäfte im → *High Frequency Trading* ausgeführt, wozu es Supercomputer und ausgeklügelter Algorithmen bedarf, die Kursschwankungen im Millisekundenbereich ausnützen, damit sich Banken ohne die geringste Wertschöpfung satt verdienen

können. Aber das ist nicht einmal das Schlimmste. Ein soge-
nannter Flash-Crash bewirkte am normalen Börsentag vom 6.
Mai 2010 binnen Minuten an der Wall Street einen Absturz des
Dow-Jones-Indexes um fast 1000 Punkte. Ein computergesteu-
ertes Programm hatte um genau 14.40 Uhr Ortszeit mal kurz
75 000 Kontrakte eines Derivats ohne Preislimite auf den Markt
geworfen. Andere Computerprogramme zogen ebenfalls die
Reißleine, und nach zwanzig Minuten war eine Billion Dollar
Marktkapital in Rauch aufgegangen. Der Riesenkonzern Procter
& Gamble verlor kurzfristig 35 Prozent seines Marktwerts, die
Aktie von Boston Beer stürzte von rund 48 Dollar auf – null.
Schluck.

Noch toller war dann die Ursachenforschung. Die Haus-
haltskrise in Griechenland, Befürchtungen von einem europäischen Flächenbrand, eine Computerpanne, gar Sabotage wurden
als Erklärung herumgeboten. Putzig auch der Verdacht, es habe
sich um einen «fat finger trade» gehandelt. Also ein dickleibiger
Börsenhändler drückte mit seinem Finger auf zwei Tasten gleichzeitig und verkaufte deswegen irrtümlich statt für Millionen für
Milliarden.

In Wirklichkeit war es ein völlig normal funktionierendes
Computerprogramm einer der angesehensten, ältesten und kon-
servativsten US-Brokerfirmen. Um sich gegen Verluste abzusi-
chern, wurden Verkäufe in der Höhe von vergleichsweise läp-
pischen 4,1 Milliarden Dollar getätigt. Und das löste dann eine
Kettenreaktion aus. Eigentlich sollte solchen Irrwitz ja die →
Börsenaufsicht verhindern. Die muss aber auf dem Fahrrad dem
Investmentbanker in seinem Maserati hinterherfahren.

Die Ursache dieses Flash-Crash beinhaltet also die Bestätigung der schlimmstmöglichen Annahme: Statt mit modernstem

High-tech-Financial-Engineering *(→ Alchemie)* alles wie noch
nie zuvor im Griff zu haben, wie Heerscharen von sogenannten Finanzwissenschaftern nicht müde werden zu wiederholen,
herrscht der nackte Wahnsinn, das blanke Chaos, der reine Irrwitz an den Börsen.

Börsenaufsicht, die ▶ Der Straßenverkehr wird durch die
Polizei kontrolliert, Raser werden bestraft, die Schuldigen an
einem Unfall eruiert, wer betrunken einen Fussgänger auf dem
Zebrastreifen umfährt, ist mindestens seinen Führerschein los.

Die Einhaltung der Regeln beim Handelsverkehr auf den Finanzmärkten wird von der Börsenaufsicht kontrolliert, Insider-
händler werden bestraft, die Schuldigen an einem Crash eruiert,
wer bekokst einen Aktienkurs manipuliert, ist mindestens seine
Traderlizenz los. Wirklich?

Ach was, die Finma in der Schweiz, die BaFin in Deutschland oder die United States Securities and Exchange Commission
(SEC), nach dem Börsencrash von 1929 gegründet, sind zahnlose
Papiertiger. Während im Straßenverkehr die Beamten gutmoto-
risiert auch mit einem Raser mithalten können, gehen die Börsenpolizisten mit Ärmelschonern, gespitztem Bleistift und einem
Blatt Papier auf Jagd nach kriminellen Tradern und zockenden
Investmentbankern mit ihren Supercomputern – gut, die Ärmel-
schoner sind erfunden.

Schon 2005 kritisierte der US-Rechnungshof als Aufsichts-
behörde über die SEC, dass die Börsenpolizisten nicht einmal
die eigene Buchhaltung im Griff haben. Es fielen böse Worte
wie «Überforderung der Verantwortlichen», «ineffektives Management» oder gar «Fehleinschätzungen und Auslassungen»,
summiert zu einem Fehlbetrag von rund 50 Millionen Dollar.

In der eigenen SEC-Buchhaltung. Seither sind einige Jahre ins Land gezogen und eine ziemlich garstige Finanzkrise, getan hat sich – nichts.

Auch 2011 kommt der Rechnungshof zum wiederholten Mal zum gleichen vernichtenden Ergebnis, nicht mal ihre Einnahmen habe die SEC sauber verbucht, Schlampereien addieren sich wieder mal auf Dutzende von Millionen. Die Behörde SEC tut, was alle Bürokratien tun, sie jammert über mangelnde Ressourcen und fordert eine Verdoppelung ihres nicht gerade schmalen Budgets von 1,1 Milliarden Dollar. Die Politiker tun, was alle öffentlichen Amtsträger tun: Präsident Obama versprach eine Verdoppelung der Gelder. Geschehen ist natürlich bislang – nichts.

Aber es wäre ja keine Szene aus der Finanzwelt, wenn es nicht noch schlimmer käme. Obwohl doch 3750 Mitarbeiter der SEC auf die Jagd nach krummen Börsengeschäften gehen, mussten die Papier, Bleistift und, immerhin, Taschenrechner zur Hand nehmen, als sie herauszufinden versuchten, was den blitzschnellen Börsencrash vom 6. Mai 2010 in New York verursacht hatte *(→ Börse)*. Es fehlt bedauerlicherweise an Computerkapazitäten und geeigneten Programmen.

Nicht nur deswegen lassen sich die Verurteilungen in den letzten Jahren wegen Insiderhandel, Kursmanipulationen, Front Running und anderen kriminellen Handlungen an den weltweiten Börsen an den Fingern einer Hand abzählen.

Darüber lachen Börsenhändler gerne, wenn sie sich nach getaner Arbeit ein Sträßchen weißen Pulvers und einen Schampus gönnen. Unterwegs nach Hause achten sie aber peinlich genau darauf, ja keine rote Ampel zu überfahren. Immerhin.

C **CDO, die** ▶ Eine «Collateralized Dept Obligation» ist eine Höllenmaschine, deren Sprengkraft höchstens noch von einem → *CDS (Credit Default Swap)* übertroffen wird. Über keinen anderen Begriff aus dem Wortschatz der modernen Finanzzockerei ist so viel geschrieben worden wie über die Collateralized Dept Obligation, das unrühmlichste Beispiel von forderungsbesicherten Wertpapieren (Asset Backed Securities). Mit ihnen wurden Hypothekarschulden verbrieft, also handelbar gemacht. Aber nicht nur das. Ihr hochkomplexer Aufbau in verschiedenen Tranchen erlaubte es den → *Rating-Agenturen,* ihnen nach oftmals nur oberflächlicher Prüfung im Stundentakt das höchste Gütesiegel AAA zu vergeben.

Aber nicht nur das. Ihre Verwendung erlaubte es, einen ganz neuen Markt zu erschließen, denjenigen der Subprime-Schuldner. Dieser Euphemismus verschleierte eine simple Tatsache: Bevor sich dieser neue Markt mit Billionenumsätzen aufblähte, an denen Investmentbanker Multimilliarden an Boni verdienten, waren amtlich und statistisch erwiesen bereits alle Amerikaner Hausbesitzer, so sie es sich auch leisten konnten. Der Einsatz dieser finanziellen Massenvernichtungswaffen ermöglichte es nun auch einem arbeitslosen oder höchstens saisonal beschäftigten Erdbeerpflücker ohne regelmäßiges Einkommen und ohne Rücklagen, ein Haus im Marktwert von 750 000 Dollar zu 100 Prozent finanziert zu kaufen und darauf sogar noch Cash in der Höhe von 50 000 Dollar draufgelegt zu bekommen. Um nur ein real existierendes Beispiel zu nehmen.

Aber nicht nur das. Er wurde mit einem lächerlich niedrigen Anfangszins geködert, der bereits seine finanziellen Möglichkeiten überstieg und der sich in ein oder zwei Jahren automatisch in einen viel höheren Zins verwandelte, dessen Bedienung die Steigerung von unmöglich wäre. Dabei wurde dem Käufer vorgegaukelt, dass er alle diese Belastungen nicht nur problemlos tragen könne, da eine unaufhörliche Wertsteigerung seines Hauses die Hypothek nicht nur problemlos finanzierbar, sondern sogar zu einem profitablen Geschäft für ihn machen würde.

Aber nicht nur das. Diese von Anfang an erkennbare Blase wurde begleitet von einem wahren Schaumbad von Sprechblasen, die alle beinhalteten, der Einsatz von neuen mathematisch-wissenschaftlichen Methoden habe es endlich ermöglicht, das Risiko aus Investitionen herauszurechnen.

Aber nicht nur das. Die als neue Wunderinstrumente einer Finanzwissenschaft auf vorher ungekanntem Niveau angepriesenen CDOs wurden bereits 1986 erfunden, bereits 1987 vom späteren Junk-Bond-König Michael Milken zu tranchierten Päckchen weiterentwickelt.

Milken war übrigens das Vorbild für Gordon Gekko im Film «Wall Street»; er wurde wegen Finanzbetrugs zu 10 Jahren Gefängnis verurteilt, von denen er lediglich 22 Monate abzusitzen hatte. Obwohl er insgesamt über 650 Millionen Dollar an Bußen und in Vergleichen bezahlen musste, wird sein aktuelles Vermögen auf über 2 Milliarden Dollar geschätzt. Der durch CDOs angerichtete Schaden dürfte schätzungsweise das 1000-Fache dieses Betrags ausmachen.

Aber nicht nur das. CDOs sind nicht etwa vom Markt verschwunden, sondern erleben als sogenannte Re-Remics ihre Auferstehung – und werden von Rating-Agenturen weiterhin mit Bestnoten versehen.

CDS, der ▶ Ein *Credit Default Swap* ist eigentlich eine feine Sache. Dieses Kredit-Derivat *(→ Derivat)* erlaubt es, das Ausfallrisiko von Krediten zu handeln; es ist also eine Art Kreditausfallversicherung. Veränderungen in der Höhe der fälligen Prämienzahlungen für ein CDS erlauben Rückschlüsse auf die Bonität eines Schuldners. Zudem erlauben CDS eine risikohaftere Kreditvergabe, da sich der Gläubiger ja durch den Abschluss einer solchen Versicherung davor schützen kann, bei der Pleite eines Schuldners Totalverlust zu erleiden. Im Zusammenhang mit den als *→ CDO* berüchtigt gewordenen Hypothekarschrottpapieren erlangte der amerikanische Finanzgigant AIG unrühmliche Bekanntheit, da er als Hauptkontraktpartner für die Ausgabe von CDS auftrat, mit denen CDOs versichert wurden, was ihnen neben der Auszeichnung mit erstklassigen Ratings *(→ Ratingagenturen)* einen noch schöneren Schein verlieh.

Selbstverständlich können CDS, ganz im Gegensatz zur ursprünglichen Intention, als Spekulationsobjekt dienen. Ein Investor schließt einen CDS ab, wenn er davon ausgeht, dass sich die Bonität des Schuldners verschlechtert, ohne dass er diesen CDS aufgrund eines eigenen finanziellen Engagements bräuchte. Verschlechtert sich tatsächlich die Bonität des Schuldners, steigen natürlich die Prämien für einen CDS-Kontrakt auf dem Markt – ein hübsches Beispiel, wie ein zur Stabilisierung der Kreditvergabe entwickeltes Instrument zum Spekulationsobjekt verkommen kann.

Chartanalyse, die ▶ Balken-Chart, Linien-, Point-, Figure- und Candlestick-Chart. Trendlinien und Trendkanäle. Gaps, Spikes, Wide-Ranging-Days. Umgekehrte Untertasse, Schulter-Kopf-Schulter-Boden, M- oder W-Formation. Bollinger-

Bänder, Elliott-Wellen, stochastische Oszillatoren und der Beta-Faktor im Rahmen des «Capital Asset Pricing Model».

Der Markt hat immer recht. Fundamental-Analysten gegen Chart-Analysten, beide gegen Anhänger der Random-Walk-Theorie. Primäre, sekundäre und tertiäre Trends. Jeder Aktienkurs stellt eine allumfassende Summe aller Informationen dar, die über dieses Wertpapier bekannt sind. Das → *Black-Scholes-Modell*. Aufwärts, abwärts oder seitwärts, Widerstands- oder Unterstützungslinie. Dreieck, Flagge und Wimpel. Linear Regression Channel, Zig Zag oder Aaron zur Eruierung von Seitwärtsbewegungen. Der Williams %R zur Darstellung der Kraft, mit der sich Kurse nach oben oder unten bewegen. Parabolic SAR (Stop And Reverse), STD (Standard Deviation) und HVO (Historical Volatility). Strike, in the money, out of the money. Relative Strength Index.

Astrologie, Interpretation der Wolkenformationen, Trance, Benützung eines Mediums, Muschelwerfen, Opfergaben, Amulette. Kraftfelder, Zeichen der Götter, seherische Kräfte, der Vogelflug, Nostradamus, der feuchte Finger in der Luft.

Was haben alle diese Methoden, die zukünftige Entwicklung eines Börsenkurses vorherzusagen, gemein?

Coco, der ▶ Hinter der niedlichen Abkürzung versteckt sich eine weitere Zeitbombe aus der Hexenküche der Derivatebastler. Die *Contingent Convertible Bonds* sind Wandelanleihen, die in Aktienkapital getauscht werden. Im Unterschied zu anderen Wettscheinen wird hier die Umwandlung vorgenommen, wenn das Eigenkapital einer Bank unter eine vom Finanzinstitut selbst definierte Schwelle fällt. Um den Käufer für das damit verbundene Risiko zu entschädigen, muss die ausgebende Bank natürlich höhere Zinsen zahlen als bei anderen Formen der Kapitalaufnahme. Dem Besitzer von Aktien sollte allerdings eine bei der Umwandlung stattfindende Verwässerung des Aktienwerts nicht gleichgültig sein. Deshalb wird er natürlich erst gar nicht gefragt – obwohl er ja eigentlich der Risikonehmer bei Bankgeschäften ist. Ist die Bank nämlich blank oder sinkt der Aktienkurs wegen verlustreichen Zockergeschäften, dann kann sich der Aktionär einen Teil oder das ganze investierte Kapital ans Bein streichen. Wichtiger im modernen Banking ist aber die Relation zwischen Kernkapitalgewinn und Gesamtumsatz. Da gilt die einfache Gleichung: Je kleiner das Kernkapital, desto größer das mit geliehenem Geld gehebelte Volumen und desto größer der → *Bonus*. Das macht den Einsatz von Cocos aus Sicht der Banker überaus attraktiv.

Denn das hat für Banken den hübschen Vorteil, dass mit den Cocos die Kernkapitalbestimmungen von → *Basel* und das vom Schweizer Bundesrat vorgeschlagene «Swiss Finish» elegant umgangen werden können, denn diese Kokosnüsse sind der → *Eigenkapitalquote* zurechenbar. Statt es zu stärken, dürften sie aber eine weitere Bankenstaatshilfe auslösen. Warum? Ganz einfach: Sinkt das Eigenkapital einer Bank, sinkt der Aktienwert. Genau in diesem Moment wird die Umwandlung der Cocos in Aktien fällig, mehr Angebot bei sinkender Nachfrage führt bekanntlich – genau, zu sinkenden Preisen. Das hat Japan in den 1990-Jahren bereits einmal durchexerziert, man nannte Cocos damals die «Todesspiralen»-Anleihen. Aber das Gedächtnis von Bankern und Anlegern ist bekanntlich kurz, oder erinnert sich noch jemand an die letzte Finanzkrise?

Courtage, die → *Retrozession*

D ****Dark Pool, der** ▶ Ein Finanzmarkt für schnelle Nummern von Finanzakrobaten. Nicht zufällig liegt die Assoziation zu Darkroom nahe, dem spärlich beleuchteten Hinterzimmer einschlägiger Lokale für Sexualkontakte. Auch dort trifft man Banker.

In den Dark Pools bleiben Käufer und Verkäufer von Finanzprodukten anonym im Dunkeln, es gibt keine Offenlegungspflicht für Transaktionen, keine Kontrolle, kaum Regeln. Ein ideales Spielfeld für institutionelle Investoren, Hedgefonds und Investmentbanker, die sich nicht von der Börsenaufsicht auf die Finger schauen lassen möchten. Dark Pools funktionieren wie ein diskreter VIP-Salon, wo nur ganz große und schwere Jungs Zugang erhalten. Dort können sie, unbeobachtet vom Börsen-Fußvolk, eine Order anonym platzieren und darauf warten, dass ein genauso anonymer Partner kommt und nach dem Körperkontakt, pardon, dem Handel, wieder verschwindet. Wenn überhaupt, tropfen die entsprechenden Handelsinformationen nur verzögert in die regulierten Börsenplätze der Welt.

Dark Pools, vornehmer «alternative Handelsplattformen» genannt, fristen – so möchte man meinen – ein kümmerliches Dasein auf schmierigen Servern im hintersten Kirgisistan. Jede seriöse Großbank würde es schütteln, brächte man sie damit in Verbindung. Weit gefehlt, die Deutsche Bank betreibt einen Dark Pool in Hongkong, denn sie wollte dort der US-Bank Goldman Sachs mit deren Darkroom «Sigma X» nicht alleine das Spielfeld überlassen. Die Credit Suisse nennt ihr Spielzimmer «Crossfinder». HSBC, Crédit Agricole, sogar einige Börsen selbst sind dabei, denn Spiele mit möglichst wenig Spielregeln ziehen Banker an wie Motten das Licht.

Wen wundert's, dass weltweit Börsenaufsichtsbehörden wie die SEC in den USA spätestens seit der letzten Finanzkrise mit Regulation drohen – und nichts tun –, während beteiligte Banken von den nützlichen und angeblich überhaupt nicht intransparenten Vorteilen dieser Dunkelkammern schwärmen. Es wäre beruhigend, wenn Dark Pools wenigstens ähnlich wie Darkrooms eher klein und umsatzmässig bescheiden wären. Nochmals daneben, seriöse Schätzungen gehen davon aus, dass das Volumen dieser «Dark Trades», so heißt der Fachausdruck, bis zu 50 Prozent des Handelsvolumens der europäischen Börsen ausmachen.

Erläutern wir diese Sumpfblase der Finanzmärkte mit einem Vergleich. Es gibt einen Fleischgroßmarkt, auf dem Lebensmittelinspektoren dafür sorgen, dass alle nötigen und sinnvollen Vorschriften eingehalten werden, damit auch der kleine Kunde ohne große Sachkenntnis sicher sein kann, dass er nicht übers Ohr gehauen wird oder sich mit Gammelfleisch eine Lebensmittelvergiftung holt. Daneben gibt es aber einen Darkroom für Fleischbarone, wo anonym, unkontrolliert und blitzschnell ganze Fleischberge verschoben werden. Die dann durch die Hintertür den Weg in den offiziellen Fleischgroßmarkt finden. Guten Appetit!

Demokratie, die ▶ Prognosen sind bekanntlich schwierig, vor allem, wenn sie die Zukunft betreffen. Daher statt einer Prognose eine Frage: Kann das Finanzschlamassel innerhalb demokratischer Strukturen überhaupt aufgeräumt werden?

Antwort: Wohl kaum.

Bekanntlich haben sich die meisten Industriestaaten nach dem größten Bankraub aller Zeiten, auch bekannt als Finanzkrise, bis über die Ohren der Kindeskinder der aktuellen Steuerzahler verschuldet. Die staatlichen Rentensysteme leiden an einer gravierenden Unterdeckung. Alleine die fehlenden Mittel der Pensionskassen aller US-Gliedstaaten, um nur ein Beispiel zu nennen, werden auf gigantische 3 Billionen Dollar geschätzt, was 20 Prozent des jährlichen amerikanischen Bruttoinlandprodukts (BIP) entspricht. Und der Sparer bekommt wegen der Niedrigzinspolitik der wichtigsten Notenbanken der Welt seit Jahren nicht einmal einen Ertrag auf dem Sparbuch, das der durchschnittlichen Inflationsrate entspricht. An dieser Politik werden die Regierungen auch nichts ändern, da sie sonst unter der Zinslast ihrer aufgehäuften Schulden, die in vielen Staatshaushalten bereits den größten Einzelposten ausmachen, noch schneller zusammenbrechen würden.

Angesichts dieser Tatsachen müsste also eine verantwortungsbewusste Partei ihren Wählern folgende Versprechungen machen: Vorausgesetzt, es gibt keine gewaltige Inflation, werden wir, sobald wir an der Regierung sind, die Rolle der Finanzinstitute auf maximal fünf Prozent am gesamten Bruttosozialprodukt beschränken. Der Handel mit → *Derivaten*, gewisse Formen von → *Leerverkäufen* und rein umsatzabhängige Bonuszahlungen werden sofort verboten. Damit hätte sich diese Partei bereits mit der geballten Macht der Finanzindustrie angelegt, plus mit deren Aktionären. Und eigentlich mit dem Staat selbst, da ja viele Großbanken in staatlichem Besitz sind.

Das wäre vielleicht noch denkbar. Die Partei müsste aber fortfahren: Zudem muss das Renteneintrittsalter massiv heraufgesetzt werden, staatliche Renten um mindestens 50 Prozent gekürzt, sämtliche Sozialleistungen ebenfalls, und Sparguthaben, um eine runde Zahl zu nennen, auch um 50 Prozent entwertet werden. Nur so, müsste diese Partei fortfahren, besteht eine gewisse Chance, dass der Staat als gesellschaftliche Ordnungsmacht überlebt, die gesamte Wirtschaft nicht in den Abgrund gerissen wird und wir alle nicht in die Zeiten des Faustrechts, in Bürgerkriege, bewaffnete Verteilungskämpfe und ein Armaggedon hineingerissen werden.

Das wäre undenkbar, denn damit hätte sich die Partei von ungefähr 99 Prozent ihrer potenziellen Wähler verabschiedet, die Rentenzahlungen leisten oder beziehen, Sozialabgaben berappen oder bekommen und über ein Sparguthaben verfügen. Nach der Verabschiedung dieses Programms könnte die Partei auch gleich ihre Selbstauflösung beschließen, bevor ihre Vertreter von aufgebrachten Staatsbürgern durch die Straßen gejagt und geteert und gefedert würden.

Allerdings wäre ein solches Parteiprogramm realistisch, sinnvoll und die einzige Chance, noch Schlimmeres zu verhüten. Da es nicht umgesetzt werden wird, genügt wohl ein Blick in die jüngere europäische Geschichte, um eine Ahnung von der Zukunft zu bekommen. Auch ohne hellseherische Fähigkeiten.

Derivat, das ▶ Ein Derivat ist eine Ableitung eines real existierenden Werts, dessen Preis von der zukünftigen Entwicklung eines Indexes, Produkts oder Wertpapiers abhängt. Früher nannte man so etwas Termingeschäft. Grundsätzlich ist es keine Unsinnsgeschichte: Große Lebensmittelkonzerne spekulieren beispielsweise auf jeweils gute oder schlechte Witterungsverhältnisse, weil sie die Erwartung von großem oder geringem

Stromverbrauch in ihren Lagerhäusern auf der Grundlage von Langfristvorsagen dazu nutzen, auf dem Markt befindliche Terminoptionen der Stromkonzerne günstig zu kaufen. Aber für einen rechten Spekulatius geht es ja um anderes: Um selbst den wenigen Bestimmungen für Börsenhandel zu entgehen, werden Derivate gerne OTC gehandelt, das heißt «over the counter», das bedeutet, die Vertragsparteien sind völlig frei in der Gestaltung ihrer Vereinbarung. Der Fachmann unterscheidet hier zwischen → *Termingeschäften*, nochmals unterteilt in Futures und → *Optionen*, und → *Swaps*.

Kurz: Ein Derivat ist ein Wettschein, eine reine Spekulation auf die unvorhersehbare Zukunft. Die meisten Fonds (→ *Hedgefonds)* verwenden solche Wettscheine. Sie bilden beispielsweise die zukünftige Entwicklung von Aktien oder Obligationen oder jedes beliebigen Mix von Indizes ab, enthalten aber keinen eigenen, realen Wert.

Ob der Käufer eines Derivats Gewinn macht, hängt von der zukünftigen Entwicklung ab. Ob er sein Geld überhaupt zurückbekommt, hängt davon ab, ob der Hersteller oder → *Emittent* eines Derivats das Geld für die Erfüllung seiner Verpflichtungen hat – oder pleitegeht.

Derivate sind, mit Ausnahme der Termingeschäfte, etwas für Zocker, für Leute, denen Hütchenspiele zu langweilig und das Hoffen auf den Hauptgewinn in der Lotterie zu unsicher erscheint. Derivate lassen sich beliebig vermehren, zu immer neuen Mischungen zusammenstellen, mixen, verschachteln, schütteln, risikooptimieren, spreizen und breitklopfen. Und zu ganzen Kettenreaktionen zusammenbasteln, indem man natürlich auch Derivate von Derivaten erfinden kann, die auf Derivaten beruhen, die wiederum – ad infinitum. Aber eines ist allen Derivaten gemein: Was einer an ihnen verdient, verliert ein anderer. Da ihre Herstellung mit keinerlei Wertschöpfung verbunden ist, handelt es sich hier um ein zugegebenermaßen unüberschaubares und weit in den Bereich des → *virtuellen Geldes* hineinragendes Null-summenspiel.

Entsprechend marginal und klein sollte ja wohl die Spiel-hölle der Derivate sein. Weit gefehlt: Die gesamten ausstehenden Nennwerte von Zins-, Kredit- und Aktienderivaten betrugen Mitte 2010 locker 466 800 000 000 000 US-Dollar. Wer sich in den vielen Nullen verläuft! Das sind 466,8 Billionen Dollar. Zum Vergleich: Das weltweite Bruttosozialprodukt, also die Summe aller in einem Jahr hergestellten Güter und erbrachten Dienst-leistungen, beträgt rund 60 Billionen Dollar. Um das Wort Fi-nanzblase mit Inhalt zu füllen: Im Jahr 2000 betrug der gesamte Nennwert von Derivaten lediglich 95 Billionen Dollar.

Dougan, Brady ▶ Brady Dougan ist ein ehrenwerter Mann. Er amtiert als Nachfolger von Oswald → *Grübel* seit 2007 als Chief Executive Officer der Schweizer Großbank Credit Suisse (CS). Zuvor war er Leiter des Investment Banking der CS. Als Boss der Bank repräsentiert Dougan die Traditionen des feinen Schweizer Bankgeschäfts in bester eidgenössischer Manier. Lei-der spricht der US-Bürger kein Deutsch, und von der Schweiz hat er auch keine große Ahnung. Aber Brady Dougan ist sicher-lich ein ehrenwerter Mann.

Der Chef der Credit Suisse hat im Jahre 2009 ein Gehalt von 1,25 Millionen Franken bekommen. Dazu hat er einen Jahresbo-nus von 17,9 Millionen eingesteckt. Und darauf wurden noch-mals 70,9 Millionen (rund 53 Millionen Euro) aus einem länger-fristigen Bonusprogramm gelegt, das auch das Desasterjahr 2008 abdeckte, in dem die CS unter Leitung von Dougan einen Megaverlust von 8,2 Milliarden Franken (rund 6 Milliarden Euro) auswies. Dennoch kassierte er rund 90 Millionen. Oder rund 250 000 Franken Tag für Tag. Oder 175 Franken pro Minute, 24 Stunden am Tag. Aber Brady Dougan ist als ehrenwerter Mann sicher jeden einzelnen Franken wert.

In dem Desasterjahr 2008 verloren Tausende von Kleinanlegern, die von der CS in Lehman-Schrottpapiere mit hineinberaten worden waren, mehr als 600 Millionen Franken sauer ersparte Rücklagen und wurden nur zähneknirschend teilweise entschädigt. Brady Dougan und weitere 400 im warmen Geldregen von insgesamt 3 Milliarden Franken Superextrazusatzbonus stehende Manager der CS wurden an der Generalversammlung 2010 von den nicht entschädigten Lehman-Opfern aufgefordert, doch wenigstens zehn Prozent davon abzugeben. Damit wäre viel Leid gelindert und Tausenden von Kleinanlegern geholfen, die in ihrem ganzen Arbeitsleben nicht auf ein Gesamteinkommen von einer einzigen Million Franken gekommen sind, bekam Dougan zu hören. Er zuckte weder mit der Wimper, noch griff er zum Geldbeutel. Aber Brady Dougan ist sicherlich ein ehrenwerter Mann.

Dougan begründete sein Jahreseinkommen von 90 Millionen damit, dass der Markt eben solche Honorare verlange und die auch gezahlt werden müssten, weil sonst fähige Kräfte zur Konkurrenz abwandern würden. Angebot und Nachfrage bestimme halt den Preis, auch bei einem CEO. Dougan weiß dabei genau, dass sich jeder normale Mensch nach 90 Millionen zur Ruhe setzen, seinen Hobbys nachgehen oder mit einer Luxusyacht durch die Karibik schippern würde. Und keinesfalls die Gefahr besteht, dass er sich abwerben ließe, wenn eine andere

Bank 95 Millionen böte. Aber Brady Dougan ist sicherlich ein ehrenwerter Mann.

Dougan wehrte sich bisher wie sein Kollege Grübel von der UBS gegen seiner Meinung nach übertriebene Forderungen nach Heraufsetzung des Eigenkapitals seiner Bank *(→ Basel)* und spielt stattdessen lieber mit → *Cocos.* Seit Kurzem findet er eine höhere → *Eigenkapitalquote* jedoch akzeptabel, vielleicht weil er herausgefunden hat, dass sie seine Boni nicht wirklich berührt. Mitarbeiter der CS sind in den USA, in Deutschland und anderswo beschuldigt, Beihilfe zur Steuerhinterziehung geleistet zu haben. Die Bank ist in Milliardenklagen im Zusammenhang mit der Immobilienkrise oder Swap-Geschäften mit deutschen Kommunen verwickelt. Im Investment Banking, wo Dougan herkommt, werden weiterhin die ganz großen Räder gedreht. Die CS hat neue Bonuspläne aufgelegt, alle Zeichen stehen auf Sturm. Aber Brady Dougan ist zweifellos ein ehrenwerter Mann!

Dresscode, der ▶ Mit ihrem 44 Seiten umfassenden Dresscode für ihre Mitarbeiter mit Kundenkontakt erregte die UBS beinahe mehr Aufmerksamkeit als mit ihren Milliardenverlusten in der Finanzkrise. Bis zur Unterwäsche (hautfarben), Rocklänge (unterhalb des Knies), Krawattenlänge (Spitze an der Gürtelschnalle) und Beschaffenheit des Atems (Mittagessen ohne Knoblauch oder Zwiebeln) regelte eine Arbeitsgruppe den Auftritt ihrer Banker.

Immerhin ist dadurch «kein Reputationsschaden entstanden. Da bin ich sicher», konstatierte der UBS-Kommunikationschef Peter Hartmeier erleichtert. Damit hat er wohl recht. Allerdings wirft dieser Dresscode doch ein signifikantes Schlaglicht auf die inneren Funktionsmechanismen einer Bank. Man geht nämlich

davon aus, dass man mit Manuals, Vorschriften, Gebrauchsan-
weisungen, → *Wordings*, gar einem → *Reputationsmanagement*
den Mitarbeitern alle Handgriffe und selbst die richtige Auswahl
der Kleidung und der Speisen vorschreiben müsse.

Das führt zu einer gewollten Verantwortungslosigkeit. Denn
wenn alles durch Vorschriften geregelt ist, beispielsweise ein
«Code of Ethics» alle Fragen von Moral und Ethik im Geschäfts-
leben vorgibt, muss der Mitarbeiter keinerlei eigenen ethischen
Vorstellungen entwickeln. Er muss nicht den leisesten Anflug
eines schlechten Gewissens haben, wenn er einem finanztechnischen Laien, einer sehbehinderten Oma, ein hochkomplexes und
risikoreiches Anlagevehikel andreht, mit dem sich dann der sauer
verdiente Spargroschen in kürzester Zeit in Luft auflöst. Solange
er sich an den schwammig und allgemein gehaltenen «Code of
Ethics», an die Kleiderordnung und an alle weiteren Vorschriften
gehalten hat, selbstverständlich auch an die über seine Karriere
entscheidenden Vorgaben bezüglich Umsatz, Kommissionen
und Gewinnvorgaben, bleiben seine Seele und sein Herz rein.

Diese Mechanisierung, diese Externalisierung eigener oder
innerer Werte, altmodischer ausgedrückt der Ersatz eines eigenen Gewissens durch von außen gesetzte Leitplanken, erklärt
sicherlich die bis heute anhaltende Erregung von vielen Bankern, wenn man ihnen Geldgier, Zockermentalität, Rücksichts-
losigkeit und Egoismus vorwirft. Viele von ihnen verstehen
diese Kritik schlichtweg nicht, da sie sich doch lediglich an alle
Vorschriften, inklusive moralische und ethische, gehalten haben
und auch die Krawattenspitze immer passgenau auf der Gürtelschnalle ruhte und der Atem, selbst beim Anpreisen eines zum
baldigen Untergang verurteilten Schrottpapiers, knoblauchfrei
und rein war.

E *Eigenkapitalquote, die* ▶ Die wird berechnet, indem man das Eigenkapital auf der Passivseite der → *Bilanz* einer Firma ins Verhältnis zu ihrer Bilanzsumme setzt. Die Bilanzsumme erhält man, wenn man entweder sämtliche Aktiva oder Passiva addiert.

Das Eigenkapital spielt insbesondere bei Banken eine bedeutende Rolle, weil es ja lange Zeit üblich war, mit einem Eigenkapital von beispielsweise 30 Milliarden Franken Bilanzräder von 1000 Milliarden Franken und mehr zu drehen, die dann auch mal entgleisten. Wenn also in diesem Beispiel die Gesamtheit der Spekulationen einer Bank sich lediglich um mehr als 3 Prozent zuungunsten des Finanzhauses entwickelt, dann ergibt das ein sogenanntes negatives Eigenkapital, oder einfacher gesagt: Die Bank ist blank.

Der Startschuss zum letzten großen Schlamassel war bekanntlich die Pleite der US-Investmentbank Lehman Brothers. Diese Zockerbank hatte aber nicht nur einen Tag vor der Pleite immer noch ein großartiges → *Rating*, sondern verfügte zudem über eine Eigenkapitalquote von 11,5 Prozent, als sie Bankrott erklärte.

Nun haben die wichtigsten staatlichen Regulierungsbehörden in → *Basel* beschlossen, um Wiederholungen zu vermeiden, diese Eigenkapitalquote auf mindestens 7 anzusetzen, weitergefasst auf 10 Prozent. Es handelt sich hier nicht um einen Witz, aber doch um eine reine Absichtserklärung, die erst ab 2017 umgesetzt werden soll, also garantiert erst nach der nächsten Finanzkrise.

Die Schweizer Regierung will bekanntlich einen Schritt weitergehen und im sogenannten «Swiss Finish» die Eigenkapitalquote auf ganze 19 Prozent anheben. Allerdings können davon wiederum 9 Prozent → *Cocos* abgezogen werden, ein kompliziertes Gebastel einer Wandelanleihe, die in Aktien umgewandelt werden kann und daher dem Eigenkapital zugerechnet werden darf. Nach Abzug dieser Cocos ist also auch in der schweizerischen Eidgenossenschaft die geforderte minimale Kernkapitalquote niedriger als diejenige von Lehman Brothers selig.

Damit aber des Wahnwitzes nicht genug. Um jede Klarheit zu beseitigen, sprechen wir beim Wert von Banken genauer vom risikogewichteten Eigenkapital, was nichts anderes bedeutet, als dass in Zusammenarbeit mit den Rating-Agenturen jede Bank sich ihr Eigenkapital selbst ausrechnen, also schönrechnen kann.

Hinter dem Wunsch nach möglichst wenig Eigenkapital steht nun nicht das Verlangen nach internationaler Wettbewerbsgleichheit oder gar nach mehr Spielraum für sinnvolle Kreditvergaben in die Realwirtschaft – sondern reine Bonusgier; was denn sonst? Denn der Bonus errechnet sich in Abhängigkeit von der Eigenkapitalquote, wobei die einfache Gleichung gilt: Je weniger Eigenkapital, desto mehr gehebelte *(→ Hebel)* Spekulationen, desto höher der Bonus. Denn der ist ja bekanntlich nicht in erster Linie vom Ertrag, sondern vom Umsatz abhängig, und zudem auch von der Kernkapitalrendite, die ebenfalls umso stärker steigt, je kleiner dieses Kapital ist.

Der eigentliche Risikonehmer bei diesem Spiel, der Aktionär der Bank, geht da gerne auch mal leer aus. So verteilt die UBS beispielsweise für das Jahr 2010 Boni in der Höhe von 4,3 Milliarden Franken. Verständlich, dass da leider für eine Dividende nichts übrig bleibt. Auch das müssen die vielen Aktionäre wegstecken, die noch vor wenigen Jahren eine UBS-Aktie für über

70 Franken kauften, während der aktuelle Kurs seit längerer Zeit unter 20 Franken dahindümpelt.

Emittent, der ▶ Beim Zocken ist der Buchmacher ein Emittent von Wettscheinen. Wer bei ihm eine Wette platziert, dass im zweiten Pferderennen von morgen «Lucky Star» als Erster durchs Ziel galoppiert und dafür eine Quote von 4 : 1 kriegt, verlässt sich darauf, dass der Buchmacher den vierfachen Einsatz ausbezahlt, wenn der Gaul tatsächlich siegt. Sollte das der Bookmaker nicht tun, gibt's Ärger, Dresche oder noch Schlimmeres.

Im Finanzzirkus ist eine Bank oder ein Konsortium Emittent, also Herausgeber von Wertpapieren, Zertifikaten, Derivaten oder Wettscheinen. Ein seriöser Kleinanleger, der dem Hochglanzprospekt seiner Traditionsbank vertraut, auf dem sie ihm einen «Total Return Basket Swiss Bonds in CHF» anbietet, wiegt sich in der falschen Sicherheit, dass er keineswegs zocke und schon alleine die Reputation seiner Bank die Investition risikolos mache. Er verlässt sich darauf, dass er zumindest seinen Einsatz vollständig zurückbekommt. Bis er über das kleingedruckte Wörtchen «Emittentenrisiko» stolpert.

Denn während ein im Vergleich zu Banken zu Unrecht unter einem schlechten Image (→ *Reputationsrisiko)* leidender Buchmacher persönlich und oft auch mit Leib und Leben für seine Wettscheine haftet, legt nicht etwa die verkaufende Bank ihre Hand ins Feuer. Sondern eben der Emittent, häufig eine andere Bank, und wenn der pleitegeht, ist der Wettschein wertlos. Einen kurzen Moment lang tröstet sich der Anleger mit dem Gedanken, dass das sicher unangenehm sei, er aber doch sichere Schweizer Obligationen in Schweizerfranken gekauft habe. Aber auch da täuscht er sich, in seinem → *Basket* befand sich keine einzige Obligation, das Körbchen bestand lediglich aus einem hübschen Titel und einem → *Derivat*, also einem Wettschein.

Wenn in der Bankenwelt der Emittent pleitegeht, passiert eigentlich gar nichts. Die Banker gehen mit den vorher gemachten Gewinnen nach Hause. Die Zwischenhändler der Wettscheine kaufen sich im ärgerlichsten Fall mit ein paar Almosen von ihrer Verantwortung frei. Die Besitzer der Wettscheine ärgern sich.

Wenn ein Buchmacher sich so wie ein Banker verhalten würde, gäbe es viel weniger lebende Buchmacher. Bleibt die Frage: Warum werden dann nicht viel mehr Buchmacher Banker? Sehr wahrscheinlich, weil sie eine gewisse Berufsehre im Leib haben.

Euro, der ▶ Der Euro war und ist eine Fehlgeburt. Er war der Preis, den Deutschland für seine Wiedervereinigung zahlen musste. Wiedervereinigung ja, aber ohne D-Mark, war damals die klare Ansage.

Der Euro war und ist eine Fehlkonstruktion. Das lässt sich leicht verständlich so erklären: Ein vermeintlich sparsamer Vater hat 17 Kinder. Statt sich in die Kosten zu stürzen, für jedes Mitglied dieser Orgelpfeifen ein passendes Paar Schuhe zu kaufen, beschließt der Vater, für alle das gleiche Modell, Schuhgröße 38, anzuschaffen. Gibt Mengenrabatt, verursacht weniger Umtriebe und löst keinen Streit unter der Kinderschar aus. Zudem passt einem Kind das neue Paar Schuhe zwar nicht wie angegossen, aber es ist auch nicht zu klein. Etwaige Probleme lassen sich ja durch Einlagen, hineingestopftes Papier oder durch das Abschneiden des vorderen Teils lösen, damit die Zehen auch genug Platz und Luft haben. Notfalls können auch stabilisierende

Krücken oder gleich Rettungsschirme ausgegeben werden. Und so stolpern die inzwischen 17 Mitglieder der Eurozone seit neun Jahren mit schmerzverzerrten Gesichtern durch das angeblich vereinte Europa, während die Väter der Währungsunion, soweit sie sich überhaupt noch zur Vaterschaft bekennen, weise lächeln und «europäische Einheit, die Idee des vereinten Europas steht und fällt mit dem Euro» murmeln.

Wenn Ideologie einen höheren Stellenwert als wirtschaftliches Einmaleins hat, entstehen solche Missgeburten – obwohl nicht nur Osteuropa vor nicht allzu langer Zeit einen weiteren Beweis dafür geliefert hat, dass Wirtschaft so nicht funktionieren kann, was zum Untergang des Staatssozialismus führte. Obwohl die Anwendung des Einmaleins ergibt, dass eine gemeinsame Währung mit 17 finanzpolitisch unabhängig voneinander agierenden Staaten nicht funktionieren kann. Obwohl seit Jahren kein einziger Euro-Staat die mit großem Getöse beschlossenen Stabilitätskriterien einhält.

Griechenland ist pleite, Irland, Portugal, Spanien und Italien sind es eigentlich auch, vor allem der deutsche und auch ein wenig der französische Steuerzahler berappen die Kosten monströser Rettungsschirme, die lediglich die Agonie einer Fehlgeburt verlängern. Das erinnert sehr an die letzten Zuckungen der zentral gelenkten Planwirtschaft.

Wer erinnert sich nicht an die Feierlichkeiten zum 40-jährigen Bestehen der DDR, als im Palast der Republik von der Unumkehrbarkeit und ewigen Gültigkeit der sozialistischen Prinzipien schwadroniert wurde, während auf den Straßen bereits das Volk tobte. Ähnlich dürften sich die Feierlichkeiten zum 20-Jahre-Jubiläum des real existierenden Euro am 31. Dezember 2021 abspielen. Falls sie überhaupt noch stattfinden.

F **Fibonacci-Folge, die** ▶ Der italienische Rechen-
meister Leonardo Fibonacci entwickelte 1202 eine
Zahlenreihe, um die Fortpflanzung einer Gruppe von Kanin-
chen mathematisch darzustellen. Die folgende Zahl ergibt sich
aus der Addition der beiden vorangehenden, also 0, 1, 1, 2, 3, 5,
8, 13, 21, 34 und so weiter. Wenn man zwei aufeinander folgende
Zahlen dividiert, nähert sich das Ergebnis, je größer die Zahlen
sind, desto genauer dem Wert 0,618, wodurch sich auch eine
Verwandtschaft mit dem Goldenen Schnitt ergibt. Dividiert
man eine Zahl mit der übernächsten aus der Reihe, nähert sich
das Ergebnis 0,382.

Das alles ist ja faszinierend für Kaninchenzüchter und für
Mathematiker sicherlich Anlass zu tiefer Grübelei, aber was hat
das mit Geld zu tun? Eigentlich nichts und doch sehr viel. Denn
diese beiden Werte, also 0,618 und 0,382, verwenden → *Analysten*, um die wahrscheinliche Schwankungsbreite des Preises
eines Wertpapiers zu bestimmen. Es hört sich an wie ein Witz,
ist auch einer, wird aber von Analysten todernst genommen,
obwohl es noch niemandem gelungen ist, einen schlüssigen
Zusammenhang zwischen diesen Fibonacci-Quotienten und
der angeblichen Begrenzung von Börsenausschlägen herzustellen.

Aber das ist noch gar nichts, es gibt natürlich auch die Astro-
Prognose, also die Herleitung künftiger Kurse aus dem Verlauf der
Himmelskörper. Daneben gibt es auch noch den Januar-Effekt,
also die Behauptung, dass im Januar Aktien überdurchschnitt-
liche Renditen abwerfen, die Freitag-13-Anomalie, den Sell-in-
May-Effekt und nicht zu vergessen das → *Black-Scholes-Modell.*

All diesen Modellen liegt die tiefe Überzeugung zugrunde, dass es mit der Anwendung von mathematischen Formeln und möglichst umfassenden statistischen Auswertungen vergangener Ereignisse möglich wäre, möglichst exakte Vorhersagen zukünftiger Entwicklungen zu machen (→ *Alchemie*). Mathematisch verkleidet kommt hier der gleiche Trugschluss zum Tragen, dem auch die Astrologie unterliegt. Ihre These lautet ja, dass sich aus einer Korrelation zwischen nachprüfbaren Ereignissen und Bewegungen der Himmelskörper der Beweis ableiten ließe, dass hier ein sozusagen erfahrungswissenschaftlicher Zusammenhang bestünde. Aber genauso wenig, wie eine arme schwarze Katze etwas dafür kann, wenn der Mensch, dessen Weg sie kreuzte, anschließend Pech hat, gibt es zwischen finanztechnischem Hokuspokus und einer richtigen Zukunftsprognose einen Zusammenhang. Schon alleine deswegen, weil es neben den überschaubaren, weil wahrscheinlichen zukünftigen Ereignissen auch unvorhersehbare gibt. Die Folgen des AKW-GAU in Japan sind ein trauriges, aber typisches Beispiel. Weder mit der Fibonacci-Folge noch irgend einem anderen Modell war prognostizierbar, wann dieses Ereignis eintritt und dass am Montag, 14. März 2011, die japanische Börse in den Keller ging.

Aber da nicht nur Analysten, sondern auch viele ihrer Kunden an Horoskope und an den → *Homo oeconomicus* glauben, bleiben diese Zukunftsforscher gut im Brot.

Finanzwissenschaft, die ▶ «Der Großteil der Makroökonomie der vergangenen 30 Jahre war im besten Fall spektakulär nutzlos und im schlimmsten Fall schädlich.» Außerhalb der Kaderschmieden von hungrigen neuen Bangstern von St. Gallen

bis Harvard, von Stanford bis Moskau, bestreitet kaum jemand die Richtigkeit dieser Feststellung des Wirtschaftsnobelpreisträgers Paul Krugman.

Letzte Zweifel zerstreut eine unvollständige Liste von banalen Fragen, die die geballte Fachkompetenz all dieser Wissenschaftler nicht beantworten kann:

1. Wie kann es sein, dass die ungeheuerliche Aufblähung der Geldmenge durch alle wichtigen Notenbanken der Welt nicht schon längst zu einer galoppierenden Inflation geführt hat?

2. Wie kann es sein, dass in der immer noch größten Volkswirtschaft der Welt, in den USA, im Schnitt 40 Prozent der Gewinne aller Kapitalgesellschaften im Finanzsektor entstehen, obwohl aus Geldgeschäften keine Wertschöpfung resultiert?

3. Wie kann es sein, dass um ein reales Weltbruttosozialprodukt von schätzungsweise 60 Billionen Dollar eine virtuelle Geldwolke von über 600 Billionen Dollar kreist?

4. Wie sollen Staatsschulden, die häufig bereits 100 Prozent des Bruttosozialprodukts überschreiten, jemals zurückbezahlt werden?

5. Wie kann es sein, dass der wichtigste Rohstoff der Welt, nämlich Geld, faktisch gratis ist?

6. Welche Wertschöpfung entsteht, wenn andere wichtige Rohstoffe wie beispielsweise Öl im Schnitt 26-mal gehandelt werden auf ihrem Weg vom Produzenten zum Konsumenten?

7. Wie funktioniert eine synthetische → *CDO* square 3 genau und wozu soll sie gut sein?

8. Wieso sollen aus einer möglichst genauen Analyse vergan-

gener Ereignisse zutreffende Aussagen über die Zukunft entstehen können?

9. Wie lässt es sich mit der Theorie der freien Marktwirtschaft vereinbaren, dass über Jahre hinweg in der Finanzbranche überdurchschnittliche Renditen erzielt werden, ohne dass die durch den Markteintritt neuer Konkurrenten gesenkt werden?

10. Wie kann man ohne Betrug aus Geld auf direktem Weg mehr Geld herstellen?

11. Wieso ist es der Finanzwissenschaft mit modernsten Algorithmen, Supercomputern und Heerscharen von Analysten noch nie, kein einziges Mal, gelungen, eine Finanzkrise vorherzusehen?

12. Was ist falsch an der These, dass Staatsgarantien für angeblich systemrelevante Banken zu risikolosem Zocken und in den Untergang führen?

13. Worin genau besteht die messbare Leistung eines Analysten, Chartspezialisten oder Derivatekonstrukteurs?

14. Mit welcher Begründung kann der CEO einer international tätigen Großbank mit Zehntausenden von Angestellten und einem Bilanzvolumen von über 1000 Milliarden Dollar behaupten, er wisse, was er tue?

15. Wie zeigt sich schon wieder die nächste Krise am Horizont, nachdem angeblich alle notwendigen Lehren aus der letzten gezogen wurden?

16. Da Gier und Angst, Hoffnung und Furcht, Vertrauen und Argwohn Börsen und alle Marktplätze für Geldanlagen beherrschen, wie soll das in Algorithmen und mathematischen Formeln ausgedrückt werden?

17. Warum muss ein Finanzinstitut eine Eigenkapitalrendite von mindestens 25 Prozent erwirtschaften?

18. Wie kann ein Finanzinstitut eine Eigenkapitalrendite von 25 Prozent erwirtschaften, wenn das Bruttosozialprodukt kontinuierlich nur um zwei, drei Prozent wächst?

19. Gibt es einen anderen Ausdruck als Bankraub für das Auszahlen von Boni, die mehr als doppelt so hoch wie der Reingewinn eines Finanzinstituts sind?

20. Was für einen Grund, außer reiner Geldgier, gibt es für die Absolventen einer Wirtschaftsuniversität, sich nicht einen anständigen Beruf zu suchen?

Finder's Fee, die → *Retrozession*

G

Geiselhaft, die ▶ Geiselnahme ist häufig das verzweifelte Mittel eines Bankräubers, seiner Verhaftung zu entgehen. Nicht selten wird das von der Polizei durch den finalen Rettungsschuss beendet. Der kommt auch bei erpresserischem Menschenraub zum Einsatz, wenn sich jemand durch Entführung eines Bankdirektors und anschließende Erpressung bereichern will.

Ganz anders sieht es aus, wenn Banken ganze Staaten in Geiselhaft nehmen. Hier machen sich nämlich Geiselnehmer und Geisel gemein. Das hat nichts mit dem Stockholm-Syndrom zu tun, sondern mit gemeinsamen Interessen. Nachdem in ganz Europa, Japan und in den USA überforderte Regierungen mit Multimilliarden an Steuergeldern wankende Banken vorläufig vor der Pleite retteten (→ *Too big to fail*), sind die Staaten nun auf Gedeih und Verderb dem weiteren Schicksal dieser Finanzhäuser ausgeliefert. Geht die Bank bankrott, sind auch die Steuergelder auf Nimmerwiedersehen verschwunden.

Schlimmer noch, um sich selbst zu refinanzieren, brauchen die Staaten die Banken. Denn Staatsschuldpapiere werden ja von Finanzhäusern auf den Markt gebracht. Ein Mordsgeschäft übrigens, denn auch dabei werden natürlich Kommissionen, Provisionen, Retrozessionen und Ausgabeaufschläge in Milliardenhöhe verdient.

Schlimmer noch, diese Papiere werden zum Teil von den Banken selbst gehalten. Im Falle Griechenlands sind da europäische Banken mit mehr als 120 Milliarden € exponiert, wie man so schön sagt. Allerdings Arm in Arm mit der Europäischen Zentralbank, die besitzt selbst, ein ungeheuerlicher Sündenfall,

77 Milliarden Euro in Anleihen von Griechenland, Portugal und Irland.

Schlimmer noch, wenn potenzielle Pleitestaaten wie Griechenland, Portugal und Irland abschmieren würden, es also zumindest zu einem Schnitt von 50 oder besser noch 70 Prozent bei den ausgegebenen Staatsschuldpapieren käme, was ja der einzig sinnvolle Ausweg aus diesem Schlamassel wäre, gerieten wieder diverse Banken ins Wanken und müssten, der bisherigen Logik folgend, wieder staatlich gestützt werden.

Schlimmer noch, durch die fortschreitende Umwandlung von → *Renten* in Kapitalansparmodelle, von denen in erster Linie Banken und mit ihnen verbandelte Versicherer profitieren, ermöglicht sich der Staat den Zugriff auf Kapitalberge, mit denen er seinen eigenen Geldhunger stillen kann. Denn diese Spargroschen werden ja in erster Linie in angeblich sichere Staatsschuldpapiere investiert. Wie brachte das der ehemalige deutsche Kanzler Schröder bei einer Versammlung des Strukturvertriebs AWD seines Spezis Carsten Maschmeyer auf den Punkt? «Sichern Sie die Rente Ihrer Mandanten, denn der Staat kann es nicht.» Private Vorsorge lautet das Gebot der Stunde. Nach der letzten Finanzkrise begann der deutsche Gesetzgeber bereits mit der Vorbereitung der nötigen Maßnahmen, um die Vertragspartner der zukünftigen Rentner von der vollständigen Erfüllung ihrer Auszahlungsverpflichtungen zu befreien.

Am allerschlimmsten aber: Da die Staaten selbst mit ihrem Geldherstellungsmonopol der Taktgeber für → *Zinsen* sind, werden sie die lächerlich niedrigen und brandgefährlichen aktuellen Zinsen nicht heraufsetzen, da sie damit ja ihre eigenen Schuldendienste verteuern würden. Die Banken hingegen können mit Gratisgeld weiterhin Zockerblasen aufpumpen und saugen gleichzeitig Kapital aus der sogenannten Realwirtschaft, da dort ja unmöglich Erträge von 15 oder mehr Prozent erzielt werden können.

Selten sah man Geiselnehmer und Geisel sich so inniglich in den Armen liegen. Und niemand da, der den finalen Rettungsschuss setzen könnte.

Geld, das ▶ Geld ist bedrucktes Papier plus Vertrauen. Geld selbst erschafft nicht mehr Geld, Geld selbst produziert nicht mehr Geld. Geld ist Mittel zum Zweck, nicht Selbstzweck. Geld erfindet nichts, Geld schafft keine neuen Märkte, keine neuen Produkte. Alle, die ausschließlich und nur mit Geld selbst zu tun haben, erbringen eine Dienstleistung, die selbstverständlich abgegolten werden sollte. Aber ein Investmentbanker, der mit zwei, drei Klicks einen Multimillionendeal macht und dafür 100 000 Dollar persönlichen Gewinn einstreicht, hat keine Wertschöpfung vollbracht, die dieser Summe auch nur im entferntesten entsprechen würde. Das hat nichts mit moralischer oder ethischer Verurteilung von absurden Gehältern zu tun, sondern ist wirtschaftliches Einmaleins.

Unter Anwendung dieses Einmaleins hat man eine verblüffend hohe Trefferquote, wenn man davon ausgeht, dass fast alle finanztechnischen Ausdrücke falsch sind. Geldhäuser mit all ihren Anbauten nennen sich selbst gerne die «Finanzindustrie». Ein hübscher Ausdruck, der Assoziationsketten wie rauchende Kamine, Produktivität, Wertschöpfung freisetzt. Zumindest soll der Eindruck erweckt werden, dass – unterstützt durch modernste mathematische Modelle (Financial Engineering, → *Alchemie*) – Kapital in der Realwirtschaft dorthin gelenkt wird, wo es wertvermehrend und produktiv eingesetzt wird. Völlig falsch. Das Handeln der großen Geldhäuser wird seit Jahrzehnten nur noch davon bestimmt, dass sich deren Angestellte so schnell wie möglich und so viel wie möglich selbst bereichern können.

Geld verschwindet nicht, wird weder verbrannt noch vernichtet. Außer durch eine galoppierende → *Inflation*. Wenn einer weniger Geld hat, hat ein anderer mehr. So einfach ist das. Etwas komplizierter wird das bei → *virtuellem Geld*.

Geld verdienen bedeutet, ein Produkt oder eine Dienstleistung herzustellen, die einem anderen Marktteilnehmer eine bestimmte Menge Geld wert ist. Geld, das nicht zum Bestreiten des Lebensunterhalts benötigt wird, kann auch in sogenannte Wertpapiere, beispielsweise Aktien, verwandelt werden. Hier herrscht der Irrtum vor, dass das gelegentlich eine Methode sei, Geld zu vernichten. Wer vor ein paar Jahren eine Aktie einer Schweizer Großbank für 50 Franken gekauft hat und dafür heute nur noch 15 Franken bekommt, vermutet fälschlicherweise, dass sich 35 Franken in Luft aufgelöst haben. In Wirklichkeit hat die Bank, zumeist aus Unfähigkeit und Dummheit, diese 35 Franken im Spielcasino, vornehmer internationale Finanzmärkte genannt, verzockt. Wobei ein nicht zu unterschätzender Teil, normalerweise rund 10 Prozent, in den Taschen der Banker hängenbleibt: → *Bonus*.

Geld bekommt seinen Wert nicht durch Gottes unerforschlichen Ratschluss, sondern durch → *Vertrauen*. Geld speichert einen Wert, der zuvor durch das Herstellen eines Produkts oder das Erbringen einer Dienstleistung geschaffen wurde. Geld realisiert seinen Wert erst in dem Moment, indem es gegen ein Produkt oder eine Dienstleistung eingetauscht wird. Wenn man zwei Geldscheine aufeinanderlegt, kriegen die keine Jungen. Erst wenn man Geld sinnvoll investiert, ergibt sich eine Wertschöpfung. Sinnvoll investieren kann jeder Besitzer von Geld selbst, dazu braucht es keine Finanzindustrie, die gar keine ist.

Geldwäsche, die ▶ Der Handwerker, der für seine Dienstleistung ohne Rechnung Bares kassiert. Das Hotel, das eine
Übernachtung aus den Büchern verschwinden lässt. Der Mittelsmann, der eine Provision im Geldkoffer nach Hause trägt.
Der Rentner, der sich schwarz etwas nebenher verdient. Das
sind Peanuts, Kleinigkeiten, Anfängerkram.

Wirklich um Geld geht es bei Drogenhandel (ca. 1000 Milliarden Dollar pro Jahr), Menschenhandel (weitere 1000 Milliarden Dollar), Glücksspiel, Prostitution, Mafia, Schutzgelderpressung, Waffenhandel, Diktatorengelder, illegalem Handel
mit Blutdiamanten und Ähnlichem, Finanzierung von terroris-
tischen Netzwerken. Nach vorsichtigen Schätzungen werden so
pro Jahr 6 Billionen Dollar umgesetzt, 10 Prozent des Weltbruttosozialprodukts. Die meisten dieser Geschäftätigkeiten haben
das gleiche Problem: Sie generieren Bargeld. In riesigen Mengen.
Und diese müssen wieder angelegt, in den Wirtschaftskreislauf
eingespeist, also gewaschen werden. Dafür braucht es Banken.

Niemals würden sich seriöse Geldhäuser für solche Drecks-
geschäfte hergeben. Unsinn. Erinnern wir kurz an den bisher
größten Fall, erinnern wir an die Bank of Commerce and Credit
International (BCCI). Sie gehörte Scheich Zayed bin Sultan Al
Nahayan aus Abu Dhabi sowie zu 25 Prozent der Bank of America. 1991 wiesen ihr US-amerikanische und britische Untersu-
chungsbehörden nach, dass BCCI in Geldwäsche, Bestechung,
Waffenhandel, die Förderung von Prostitution und alles, was
man sich unter schmutzigen Geschäften vorstellen kann, verwickelt war. Panamas Noriega, das Medellín-Kartell, Saddam Hus-
sein, Ferdinand Marcos und viele weitere Diktatoren und Gangster wickelten über die BCCI ihre Geschäfte ab. Price Waterhouse
(heute PricewaterhouseCoopers) und Ernst & Young testierten

jahrelang die Bücher, ein Verfahren wurde gegen die Zahlung von (hoffentlich legalen) 175 Millionen Dollar eingestellt. Am 5. Juli 1991 schloss die Bank of England offiziell die BCCI; mehr als eine Million durchaus auch seriöser Anleger waren davon betroffen, 13 Milliarden Dollar waren nebenbei spurlos verschwunden.

Nun gut, ein üble, aber längst verjährte Geschichte. Heute ist das doch sicher alles ganz anders. Dagegen spricht die Logik, denn auch heute müssen Multimilliardensummen gewaschen werden. Dagegen spricht die Realität, zitieren wir aus juristischen Gründen einen der besten Kenner der Sachlage, den US-Ermittler Robert Masur, der einen wesentlichen Beitrag dazu leistete, dass die BCCI ihr Schalter schließen musste. Der sagt heute in einem Interview mit dem Magazin der «Süddeutschen Zeitung»: «Wir wissen, dass zum Beispiel die amerikanische Großbank Wachovia 400 Milliarden Dollar aus Mexiko über ihre Konten geschleust hat: 14 Milliarden Dollar davon haben die in kleinen Scheinen per Lastwagen über die Grenze gefahren! Das sind etwa 725 Tonnen Papier, man braucht also vierzig große Panzerwagen. Wachovia hat dafür kürzlich eine halbe Milliarde Dollar Strafe gezahlt, aber niemand musste in den Knast.»

Und Masur fährt fort: «In jüngster Zeit mussten die Banken ABN Amro, Credit Suisse, Barclays, UBS, American Express, BankAtlantic jeweils mehrere hundert Millionen Dollar Strafe zahlen, weil sie die Herkunft von Milliarden Dollar nicht nachweisen konnten.»

Das Prinzip ist ja einfach. Wer mit einem Geldköfferchen mit einer Million in kleinen Scheinen mit der Bitte bei einer Bank vorspricht, das doch unauffällig zu deponieren, wird aus der Schalterhalle gejagt, allenfalls an einen unabhängigen Vermögensverwalter weitergereicht. Wer sich nach Terminabsprache mit dem Rolls in die diskrete Tiefgarage einer Bank fahren lässt, um dann im holzgetäfelten und abhörsicheren Besprechungs-zimmer eine Einlage von 400 Millionen anzukündigen, von jetzt an gerne alle sechs Monate, dem werden Instruktionen für die Fahrtroute der Panzerwagen ausgehändigt. Schließlich sprechen wir hier von einer Kommission von handelsüblichen 30 Prozent für die waschende Bank.

Gold, das ▶   In unübersichtlichen Zeiten denken viele ver-unsicherte Anleger an eine Flucht ins Gold. Seit Jahrtausenden bewährt, stabil, da weiß man, was man hat. In den Schweizer Alpen werden bereits ganze Bunkeranlagen betrieben, in denen verschreckte Vermögensbesitzer einen Teil ihrer Spargroschen so einlagern. Nicht etwa in unhandlichen Barren, sondern schön portioniert, damit das Gold im befürchteten Tauschhan-del auch gegen Kartoffeln oder Kaviar in kleineren Quantitäten eingewechselt werden kann.

Der Mormonenstaat Utah hat Gold bereits wieder als offizi-elles Zahlungsmittel zugelassen. Vor dem Hintergrund, dass die meisten US-Bundesstaaten mehr als pleite sind, planen bereits weitere 13 den gleichen Schritt. Wie sich die Heiligen der letzten Tage allerdings die Verwendung von Gold im täglichen Leben vorstellen, haben sie noch nicht enthüllt. Dazu braucht es dann doch Gottvertrauen, so viel ist sicher.

Selbstverständlich machen sich auch Banken die Angst der Anleger zunutze, aber natürlich auf Bankenart. Da ist jegliches Vertrauen fehl am Platz. Hier werden zum Beispiel Gold-Zerti-fikate oder Gold-ETF (Exchange Traded Funds) angeboten. Das sind allerdings bloß Papiere oder Wettscheine, mit denen der Emittent höchstens verspricht, sie allenfalls auch in physisches

Gold einzutauschen. Selbstverständlich werden in den Banktre-
soren nicht entsprechende Mengen des Edelmetalls eingelagert,
und wenn die ausgebende Bank pleitegehen sollte, kann man
diese Papiere höchstens zum Feueranzünden verwenden.

Der Goldpreis selbst ist keinesfalls von Angebot und Nachfrage abhängig, sondern durch die übliche Wolke von gehebelten
→ *Derivaten* hochspekulativ, also keineswegs der Ausdruck eines
inneren Wertes. Der ist bei Gold, im Gegensatz zu anderen Rohstoffen wie Öl, Weizen oder Eisenerz, sowieso schwer zu bestimmen, da ja nützliche Anwendungen, vielleicht mit Ausnahme der
Herstellung elektronischer Produkte, nicht vorhanden sind.

Physisch Gold aufzubewahren ist ebenfalls so eine Sache. Zu
Hause bräuchte das doch einige nicht gerade billige Sicherheits-
maßnahmen, und der Tresor einer Bank ist nur so lange sicher,
wie die Bank selbst noch steht.

Noch mehr des Ungemachs: Selbst wer stolzer Besitzer eines
wie immer gelagerten Goldstücks ist, kann sich nicht sicher sein,
ob auch drin ist, was draufsteht. Es ist ein in der Goldbranche
nicht mal sonderlich gut gehütetes Geheimnis, dass zwar die
Hülle vieler Goldbarren echt ist, das spezifische Gewicht auch
stimmt, im Inneren aber andere Metalle dafür sorgen, dass der
schöne Schein von außen glänzt. Die meisten Banken und Gold-
händler verfügen nicht über die nötigen Messgeräte, um wirklich
sicherzustellen, dass ein «good delivery»-Barren tatsächlich zu
995 Promille aus Gold besteht. Wer da aus verständlichen Gründen dem Bankerwort und den eingestempelten Garantiezeichen
nicht vertraut, sieht sich mit dem Problem konfrontiert, dass er
den 12,44 kg schweren Barren schon auseinandersägen müsste,
um sich von seiner Echtheit zu überzeugen.

Die wichtigsten Player auf dem Goldmarkt versammeln sich

in der London Bullion Market Association. Unter ihren 11 Mitgliedern befinden sich die Deutsche Bank, UBS, Credit Suisse, Goldman Sachs, Merill Lynch, JP Morgan, HSBC oder Barclays. Das schafft natürlich zusätzlich Vertrauen.

Gratis ▶ Jeder weiß, dass vor allem in der Geldwelt nichts umsonst ist. Eine simple Banküberweisung, vom Kunden online ausgeführt, kostet Geld. Das Handeln mit Wertpapieren kostet eine Courtage. Das Abheben von Geld an einem Automaten kostet eine Gebühr.

Dennoch sitzen Millionen von kleinen oder größeren Anlegern nach wie vor der Illusion auf, eine Beratung durch die Bank ihrer Wahl sei gratis. Eine Stunde beim freundlichen Berater, Kaffee oder Mineralwasser inbegriffen: umsonst. Eine umfassende Analyse des vorhandenen Portefeuilles, inklusive Nachfolgeregelung, Steueroptimierung, Risikoanalyse, Neuallokationsplänen, Anlegerprofil, Zieldefinition, persönliche Betreuung, ja sogar Einladungen, je Anzahl Nullen beim Kapital, zu Opernabenden, Events, Cigar- oder Whisky-Tasting, zum Apéro ins VIP-Zelt oder die VIP-Loge im Fußballstadion, sogar ein Ausflug zum Schlittenhunderennen in Alaska oder den Karneval in Rio: alles gratis.

Wöchentliche Anlageanalysen, Newsletter, Hochglanzprospekte für neue Anlagechancen, Outlooks, Fondsrecherche-Ergebnisse, abgesehen von einer minimen Vermögensverwaltungsgebühr: umsonst.

Bankpaläste, holzgetäferte Besprechungszimmer mit traditioneller oder moderner Kunst an der Wand, Freiflüge, Limousine mit Chauffeur, Luxushotelzimmer, Business-Lunch oder gepflegte Abendeinladung im Drei-Sterne-Lokal, beste Plätze in der Scala oder der Met: umsonst, for free, gern geschehen.

Die Gehälter, die Boni, die IT-Plattform, die Filialen, die Analystenteams und Fondmanager, die Linienvorgesetzten, der first vice assistant Director samt Vorzimmer, der CFO, COO, CEO samt großem Vorzimmer und Zugriff auf den Privatjet: Nein, das ist nicht gratis. Das wird aber durch den Eigenhandel erwirtschaftet, schließlich tut die Bank ja etwas mit dem Geld ihrer Aktionäre.

Man kann den Bankern wirklich keinen Vorwurf machen, dass sie von der Dummheit ihrer Kunden profitieren. Die nicht sehen wollen, dass jeder Anlageberater ein Verkäufer ist, der häufig mangelnde Sachkompetenz mit in ölige Worte gehüllter Kommissionsgier verbindet. Die nicht sehen wollen, dass ihnen für jede Empfehlung, Analyse, Beratung, Bewirtung ein hübscher Prozentsatz, ungern weniger als 5 Prozent, von ihrem Spargroschen abgeknipst wird.

Denn in der Welt des Geldes war noch nie etwas gratis. Außer zurzeit das → *Geld* selbst, aber das ist eine andere Geschichte.

Griechenland ▶ Der reale Zinssatz eines Staatsschuldpapiers zeigt, welche Erwartungen der Markt bezüglich der Chance hat, dass der Staat es auch wieder zurückzahlen kann. Es ist nur eine Momentaufnahme aus dem ersten Halbjahr 2011, aber sie genügt eigentlich, um alles Gerede über Rettungsschirme, Chancen auf Erholung, Perspektiven für einen geordneten Schuldendienst Griechenlands als kompletten Unsinn zu entlarven.

Eine zehnjährige Staatsobligation Griechenlands wirft im ersten Quartal 2011 bereits einen realen Zins von 13 bis 16 Prozent ab. Das bedeutet, dass ein solcher Bond bei einer Nominalrendite von 4 oder 5 Prozent entweder unter oder knapp über 50 Prozent seines Nominalwertes gehandelt wird, bei einer Restlaufzeit von zehn Jahren.

Das bedeutet, dass der Halter eines solchen Bonds weiß, dass er 50 Prozent des ursprünglichen Werts als Verlust wegstreichen kann. Hat er das bereits entsprechend verbucht (und ist dabei nicht selber pleitegegangen), dann verliert er wenigstens nichts mehr, wenn Griechenland endlich ankündigt, dass es eine Umschuldung geben wird, bei der sinnvollerweise mindestens 50 Prozent der aufgenommenen Anleihen weggespitzt werden.

Nun kann Griechenland das nicht ankündigen, ohne gleichzeitig aus dem Euro auszutreten. Denn Euroland kann nicht zulassen, dass eines seiner Mitglieder eine Euroanleihe um 50 Prozent abwertet. Andererseits muss Griechenland zuerst seine Staatsschulden um 50 Prozent abwerten, bevor es aus dem Euro austritt, weil sonst seine Schulden in Drachmen eine Höhe erreichen würden, die man auch vom Mond aus sehen könnte.

Eine absurde Situation: Täte Griechenland das, was der Markt schon längst antizipiert hat, und kehrte es nach dem Haircut zur Drachme zurück, dann würde es zwar kräftig rumpeln, aber anschließend könnten die Griechen wieder Touristen beherbergen, etwas Olivenöl herstellen und Sirtaki tanzen.

Es ist völlig klar, dass Griechenland ohne Austritt aus dem Euro nicht auf die Beine kommt. Es ist völlig klar, dass ein im Euro verbleibendes Griechenland demnächst unter Kuratel gestellt werden muss, vielleicht mit einem Verweser aus deutschen Landen, der befiehlt, dass alle Löhne, Pensionen, Preise, Sparguthaben und Verträge um 50 Prozent gekürzt werden. Es ist allerdings kaum anzunehmen, dass das die griechische Bevölkerung klaglos hinnehmen würde. Gegen die dann erfolgenden Aufstände wären die bisherigen nur ein Sonntagsspaziergang.

Stattdessen, dafür werden die Eurokraten schon sorgen, wird Griechenland nicht als die lange erwartete, dann herbeigesehnte und schlussendlich erlösende Pleite in die Geschichte eingehen, sondern als die erste einer ganzen Reihe.

«Scheitert der Euro, scheitert Europa», sagt die deutsche Bundeskanzlerin Merkel. Selten war der Satz eines Politikers so grundfalsch wie dieser. Als Naturwissenschaftlerin sollte sie eigentlich Ockhams Rasiermesser kennen. Diese nach dem großen Erkenntnistheoretiker Wilhelm von Ockham benannte Formel besagt: Von mehreren Theorien, die den gleichen Sachverhalt erklären, ist die einfachste vorzuziehen. Das bedeutet hier: Es geht nicht um Europa, es geht nicht um Scheitern, es geht einfach darum: Griechenland ist pleite. Na und? Der griechische Staat war seit seiner Gründung im Jahre 1830 bis heute häufiger und länger zahlungsunfähig als solvent. Dennoch gibt es Griechenland noch, der Staat wird auch weiterexistieren. Das ist eine historische Tatsache, alles andere ist Geschwätz.

Grübel, Oswald ▶ Oswald «Ossi» Grübel ist der Größte. Erst Chef bei der Credit Suisse, dann bei der UBS. Das hat vor ihm noch niemand geschafft, und das wird ihm auch niemand nachmachen. Ihm, der Kriegswaise aus Ostdeutschland. In der CS auf dem mühevollen Weg nach oben alles weggebissen, was ihm in die Quere kam. Dann mit einem seltenen Gespür für Timing aufgehört, als es am schönsten war. Februar 2007, Milliardengewinne für seine Bank im Jahr 2006 werden verkündet, Ossi grinst und meldet sich ab zum Golfspielen. Ahnte er, wusste er, dass die von ihm forcierte Bonus- und Zockermentalität schon im nächsten Jahr zum größten Verlust der CS aller Zeiten führen würde?

Und dann das Comeback im Jahre 2009, mit 65 Jahren. An der Spitze der schlingernden, vor dem Abgrund stehenden UBS. Wieso tut sich das ein Multimillionär im Ruhestand an? Einen tiefen Einblick in seine Psyche gibt ausgerechnet ein von der UBS selbst hergestelltes Video «Mitteilung von unserem CEO». Auftritt von the Man, the Grübel-Monster: Klaviergeklimper, ein Mann im Morgenlicht am Zürichsee, einsam, verantwortungsbewusst, bestimmt. Dazu seine sonore Stimme: «Ich habe mich oft gefragt: Warum? Warum ich?» Eine Frage, die wir Männer uns oft stellen, und auf die wir in eigentlich jedem Zusammenhang, beispielsweise nach dem zuvielten geleerten Glas, die ewig gültige Antwort geben, zu der auch Grübel kommt: «Ich musste es tun.» Ein Mann muss tun, was er tun muss. Sei es ein kleiner Schluckspecht oder ein großer Überflieger.

Wird es der große Grübel schaffen, auch diesmal den richtigen Moment für den Abflug zu erwischen, rechtzeitig vor der nächsten Finanzkrise? Staaten taumeln in den Abgrund des Bankrotts, die meisten europäischen Großbanken würden in die Pleite hinterherschlittern, wenn beispielsweise Griechenland seine Schulden nicht mehr bezahlen kann, weil sie griechische Staatsanleihen in ihren Büchern neu und niedriger bewerten müssten, die meisten Banken zocken unreguliert und genauso risikofreundlich wie vor der letzten Finanzkrise im Investment Banking weiter, den Euro kann man vor lauter Rettungsschirmen kaum mehr sehen, Multimilliarden von Rentenversprechen sind nicht mehr einlösbar. Dem stellt Oswald Grübel einen denkwürdigen Satz für die Geschichtsbücher entgegen: «Eine Krise ist vorüber, wenn niemand mehr die Lage als Krise erkennt.»

In Wirklichkeit ist es natürlich umgekehrt.

H

Haftung, die ▶ Die Antwort auf die alte
Scherzfrage: Wieso leckt sich der Hund die Eier?
Weil er's kann, lässt sich problemlos auf die Geschäftspolitik
von Finanzhäusern übertragen. Wieso machen sie hochriskante
Geschäfte mit riesigen → *Hebeln?* Weil sie's können. Nein, noch
schlimmer: Weil sie's müssen.

Die Banken können das, weil sie, im Gegensatz zu Privatpersonen, ein Vielfaches des Eigenkapitals *(→ Eigenkapitalquote)*
bewegen dürfen, bis zu einem Faktor von 30, 40 oder 50.

Sie müssen es, weil konservativ anlegende Banken aus dem
Markt verdrängt werden. Bieten sie niedrigere Zinsen, weil das
bei sichereren Anlagen eben so ist, laufen ihnen die Kunden weg.
Bieten sie höhere Zinsen, dann erzielen sie eine niedrigere Eigenkapitalrendite, es laufen ihnen die Aktionäre weg.

Möglich wurden Zockerei und Glücksrittertum ursächlich
durch den Wegfall des Haftungsrisikos. Dazu muss man wissen,
dass beispielsweise in den USA erst Anfang der 50er-Jahre des
letzten Jahrhunderts Banken als Aktiengesellschaft funktionieren durften. Aktiengesellschaft heißt, dass die Besitzer, seien das
einzelne Gesellschafter oder eine Masse von Aktionären, nur mit
dem investierten Geld haften, keinesfalls mit ihrem Gesamtver-
mögen.

Nach der sogenannten Bloos-Regel (eine Abkürzung von
«you can't get blood out of a stone») lässt sich mathematisch
nachweisen, dass eine Bank auf eine höhere Rendite setzen kann
und muss, wenn ihr Haftungsrisiko beschränkt ist. Ausgangslage
ist eine Bank mit einem üblichen Eigenkapital von 5 Prozent und
95 Prozent Fremdkapital. Das Fremdkapital muss die Bank zu

5 Prozent verzinsen. Wenn wir einander gegenüberstellen, dass
die Bank mit einer sicheren Strategie 5 Prozent Gewinn macht,
mit einer risikohaften aber 6 Prozent, wobei wir unterstellen, dass
sie dabei ein einprozentiges Risiko läuft, alles zu verlieren, ergibt
die zweite Variante eine durchschnittliche Eigenkapitalrendite
von 24 Prozent (25 Prozent minus 1 Prozent Möglichkeit des To-
talverlusts). Für die Gläubiger der Bank sinkt hingegen die Rendite von 5 Prozent bei der sicheren Anlagestrategie auf 4 Prozent.

Ein hübsches Beispiel für diesen Wechsel ist die Invest-
mentzockerbank Salomon Brothers. Denn der Fall von Bear
Stearns, Lehman Brothers und das Verschwinden aller → *Investmentbanken* in den USA im Zuge der aktuellen Finanzkrise ist
ja nicht das erste Mal, dass eine solche Katastrophe eintritt. Das
wird nur von den Schönrednern im Solde der vereinigten Banker
behauptet, die in Ruhe ihre Zockereien weiterbetreiben wollen
und daher darauf bestehen, dass es sich bei der aktuellen Krise
um ein einmaliges, unvorhersehbares und noch nie dagewesenes
Naturphänomen handle.

Ganz im Gegenteil, in diesem weitgehend haftungsfreien
Geschäftsmodell ist nicht nur die Lizenz zum Zocken, sondern
auch der Stimulus für risokohaftes Spekulieren enthalten.

Hawala-Finanzsystem, das ▶ Hawala ist ein informelles
Überweisungssystem, das seit dem 14. Jahrhundert von Händ-
lern im arabischen Raum genutzt wird und sich global durch-
gesetzt hat. Seine Funktionsweise ist einfach, setzt aber etwas
voraus, was im Wirtschaftsleben zur Mangelware geworden ist:
Vertrauen. Jemand, der Geld an eine Person in einem anderen
Land überweisen will, gibt einer Vertrauensperson, dem Hawaladar, das Geld und einen Code zur Authentifizierung. Ein

zweiter Hawaladar im anderen Land händigt dem Empfänger das Geld aus, wenn der sich mit dem Code ausweisen kann.

Das Beeindruckendste am Hawala-System ist, dass keine Aufzeichnungen über die Überweisung geführt werden, und man wird noch beeindruckter, wenn man darüber nachdenkt, welche Möglichkeiten sich daraus bei illegalen Geldverschiebungen oder bei → *Steuerhinterziehung* ergeben.

Hebel, der ▶ «Gebt mir einen Punkt, auf dem ich stehen kann, und ich werde die Welt aus den Angeln hebeln.» Diesen archimedischen Punkt haben die Banker gefunden, sie nennen ihn Leverage. Mit Leverage haben sie tatsächlich die Welt aus den Angeln gehoben.

Ein finanzieller Hebel funktioniert so: Mit ein wenig eigenem Geld und viel geliehenem Geld wird darauf spekuliert, dass ein nur kleiner Ausschlag einer Variablen zu einem großen Gewinn führt.

Nehmen wir an, die Bank «Gier & Söhne» verfügt über ein Eigenkapital von 100 Euro und kann sich zum heute üblichen → *Zinssatz* von 0 Prozent bei der staatlichen Notenbank Geld dazuleihen. Wenn «Gier & Söhne» lediglich die 100 eigenen Euros in die Hand nimmt und darauf wettet, dass der Kurs des Euro gegenüber dem Schweizerfranken um drei Prozent sinken wird, dann verdient die Bank an dieser Wette genau drei Franken, wenn das passiert. Das wäre dann eine doch bescheidene Eigenkapitalrendite von drei Prozent. Leiht sie sich hingegen 900 Franken dazu und die Wette geht auf, dann hat sie einen Gewinn von 30 Franken realisiert. Das wäre eine Hebelwirkung von 10, im modernen Banking werden gerne Hebel vom Faktor 40 und mehr eingesetzt. Bei 100 Franken eigenem Geld und geliehenen 3900 Franken steigt der Gewinn auf 120 Franken. Damit hat «Gier und Söhne» eine Eigenkapitalrendite von über 100 Prozent, traumhaft. Da würde sich selbst Joe → *Ackermann* verneigen, der ja nur eine Eigenkapitalrendite von 25 Prozent fordert.

Allerdings jubiliert «Geiz & Söhne» nur, wenn die Zukunft der Bank den Gefallen tut, sich so zu verhalten, wie sie es prognostiziert hat. Sollte der Eurokurs sich gegenüber dem Franken allerdings nicht verändern, dann wurde ein Nullsummenspiel betrieben. Natürlich unter der Voraussetzung, dass die Bank keine Gebühren für das Geldwechseln bezahlen musste.

Damit ist die kleine Bankenwelt von «Gier & Söhne» noch nicht aus den Angeln gehoben. Ist aber der Euro so gemein, um drei Prozent zu steigen statt zu sinken, und die Bank hat ein übliches Leverage von 40 eingesetzt, dann muss sie einen Verlust von 120 Franken verbuchen. Das ist nun eher peinlich, da die Bank damit ein sogenanntes negatives Eigenkapital hätte, oder einfacher ausgedrückt: Die Bank ist blank, pleite, bankrott.

Wäre es, muss man heutzutage hinzufügen. Denn wenn «Gier & Söhne» es schafft, als sogenannte systemrelevante Bank anerkannt zu werden, dann wird dieser Verlust vom Staat übernommen – und den Steuerzahlern plus deren Kindeskindern aufs Auge gedrückt.

Das wäre bei 20 Franken nicht weiter tragisch. Weltweit sprechen wir da aber laut Schätzungen des IMF von Bankverlusten von 3 Billionen Dollar (diese Zahl sieht so aus: 3 000 000 000 000). Immerhin 5 Prozent des Weltbruttosozialprodukts.

Hedgefonds, der ▶ Hier sind wir im rotglühenden Kern der Zockerei. Ein Fonds ist ein Geldsammelbecken. Dieses Kapital wird dann von Fondsmanagern in Anlagen, Spekulationen und

Wetten investiert. Obwohl Hedgefonds eigentlich «abgesicherter» Fonds bedeutet, arbeitet er mit Zockerinstrumenten wie → *Derivaten,* → *Leerverkäufen* und → *Hebeln,* um eine möglichst hohe Rendite zu erwirtschaften, bei entsprechend hohem Risiko. Die Einzigen, die garantiert nicht verlieren können, sind die Fondsmanager. Sie bekommen für ihre Bemühungen mindestens 2 Prozent Gebühren, plus einen Gewinnanteil von bis zu 50 Prozent.

Ausnahmekönner, oder Glückspilze, wie John Paulson kassieren so schon mal 3,7 Milliarden Dollar. In einem Jahr. Persönlich. Paulson hatte als einer der Wenigen auf den Crash des US-Immmobilienmarkts gewettet – und für seinen Fonds insgesamt 15 Milliarden Gewinn gemacht.

Es gibt weltweit Tausende von Hedgefonds, und ihre Macht ist bis heute ungebrochen. Die zehn besten machten mit wenigen hundert Angestellten alleine in der zweiten Hälfte von 2010 zusammen 28 Milliarden Dollar Gewinn. Und das Schönste für sie: Hedgefonds sind nach wie vor völlig unreguliert, können machen, was sie wollen, und haben ihren Sitz meistens in einer Steueroase.

Aber die Besten schwimmen nur als ganz dünne Schicht auf dem rotglühenden Magma dieser Finanzhölle. Statistisch betrachtet schlagen über 90 Prozent aller gemanagten Fonds nicht mal den Markt. Das bedeutet, dass ein Anleger mehr Geld verdient, wenn er sein Kapital in einen passiven Exchange Traded Funds (ETF) legt, der einfach die Entwicklung eines Finanzindizes abbildet, also beispielsweise die Entwicklung einer Börse, von Währungen oder Rohstoffen.

Aber selbst wenn er in einem Hedgefonds nur weniger verdient, dann hat der Anleger noch Schwein gehabt. Denn Legion sind die Hedgefonds, die sich verspekulierten und untergingen. Unvergessen → *Long Term Capital Management* (LTCM) mit einem Verlust von über 100 Milliarden, der Carlyle-Fonds, der 16 Milliarden verlor, der Fonds Amarant in einer einzigen schlechten Wette 6 Milliarden.

Aber wie spekulieren Hedgefonds eigentlich, womit überzeugen sie Großanleger wie Banken, ihnen Geld anzuvertrauen? Nehmen wir ein Beispiel, wo die britische Barclays Bank 171 Millionen Euro investierte, die französische Großbank BNP Paribas rund 52 Millionen und Privatanleger weitere 122 Millionen. Da wird natürlich vorher das Geschäftsmodell genau analysiert und muss ganz schön überzeugend sein. So wie das hier:

«Zur Auswahl und Filterung potentieller investitionsfähiger Hedgefonds beobachtet das Portfoliomanagementteam auf der Grundlage des Fund Allocation System kontinuierlich eine Vielzahl von aktiven Zielfonds auf der ganzen Welt. Diese Zielfonds werden basierend auf bestimmten quantitativen und qualitativen Kriterien, insbesondere der Risikomanagementkompetenz der einzelnen Hedgefondsmanager, bewertet. Bei dem System handelt es sich um ein halbautomatisiertes Allokations-System, das unter Verwendung stochastischer und statistischer Parameter präzise Anweisungen bei der Vermögensallokation eines Dachfonds-Portfolios gibt.»

Es handelt sich hier also um etwas ganz Raffiniertes, einen sogenannten Fund of Funds, also ein Gebastel, das nicht mal direkt in Derivate und andere Zockerinstrumente investiert, sondern in andere Fonds, die das bereits tun.

Eigentlich handelt es sich hier um den Hedgefonds K1, dessen Erfinder Helmut Kiener sich vor Gericht verantworten muss, weil er Großbanken und Privatanleger um rund 345 Millionen

Euro betrogen haben soll. Ein Provinzpsychologe ohne die geringste finanztechnische Ausbildung hatte ein Schneeballsystem gebastelt und pries auf seiner inzwischen abgeschalteten Primitiv-Website mit oben zitiertem Geschwurbel seine Luftnummer an. Das genügte, damit er sich einige Jahre ein Luxusleben mit Villa in Florida, eigenem Hubschrauber und Diplomatenpass leisten konnte. Das reichte, damit mal wieder selbst hochbezahlte Finanzanalysten auf reinen Schwachsinn reinfielen.

Banker sind geldgierig und blöd, aber das ist ja nichts Neues.

High Frequency Trading, das ▶ HFT ist ein Produkt aus der Hexenküche der modernen Finanzingenieure, das dem Besitzer erlaubt, selbst Geld zu drucken. Ausgeklügelte Algorithmen, unterstützt von der brachialen Rechenpower von Supercomputern, nützen innert Millisekunden winzige Kursschwankungen an den Börsen aus, um mit gehebelten Käufen und Verkäufen Milliardengewinne zu generieren. Weltweit machen HFT-Geschäfte bereits mehr als die Hälfte des Volumens an den Börsen aus. Gewinn gigantisch, konservativ geschätzte 21 Milliarden Dollar pro Jahr, Wertschöpfung null. Also ein Geschäft ganz nach dem Geschmack von Bankern. Natürlich heben → *Börsenaufsichtsbehörden* weltweit die Augenbraue und murmeln, dass man diesen Geschäften mal auf den Grund gehen und allenfalls sogar regulatorisch eingreifen wolle. Geschehen ist bis heute, Überraschung, nichts.

Als wären sie Alchemisten *(→ Alchemie)*, die endlich die Formel für die Herstellung von Gold gefunden haben, schützen die Börsenspekulanten natürlich ihre HFT-Algorithmen.

Die ehemalige Investment-Zockerbank Goldman Sachs ließ am 3. Juli 2009 ihren ehemaligen IT-Mitarbeiter Sergey Alenykow durch das FBI verhaften. Der damals 39-Jährige hatte kurz zuvor bei der Bank gekündigt, um für das dreifache Gehalt bei einer anderen Traderfirma anzuheuern. Allerdings hatte er zuvor ganze 32 Megabyte von einem hochgeheimen und verschlüsselten Server von Goldman Sachs heruntergeladen und mitgenommen. Jackpot, Alenykow hatte das hochgeheime Programm fürs → *High Frequency Trading* geklaut, mit dem Goldman Sachs Multimilliardengewinne einfährt. Alenykow wurde gegen eine Kaution von 750 000 Dollar wieder auf freien Fuss gesetzt und erwartet eine mögliche Gefängnisstrafe von bis zu zehn Jahren.

Richtig witzig wird es, wenn man sich die Begründung auf der Zunge zergehen lässt, die Goldman Sachs für ihre Strafklage gegen Alenykow vorbrachte. Nicht nur seien die gestohlenen Programme Multimillionen wert, bei der Anklageverlesung führte der zuständige Staatsanwalt Joseph Facciponti aus, ein Missbrauch dieses Codes könne «die Märkte manipulieren». Ganz im Gegensatz zum ordnungsgemäßen Gebrauch durch Goldman Sachs natürlich.

Vielleicht ist es nötig hinzuzufügen, dass das eine wahre Geschichte aus der modernen Finanzunterwelt ist.

Holding, die ▶ Was haben der deutsche Pharmariese Bayer, der französische Luxuskonzern Cartier und die Reifenfirma Michelin gemeinsam? Sie verfügen über eine Holding im verträumten Schweizer Städtchen Fribourg. Nicht, dass die drei Firmen dort große Geschäftsaktivitäten entfalten würden. Das ist nicht der Sinn einer Finanzholding.

Eine solche Konstruktion dient nämlich in erster Linie dazu, Steuern zu optimieren und, vor allem bei Privatpersonen, die wahren Besitzverhältnisse beziehungsweise die Identität des

Nutznießers, auf Englisch «beneficial owner», zu verschleiern. Wie der Name schon sagt, hält eine Finanzholding sozusagen als Korb Beteiligungen, beispielsweise an → *Trusts*, zusammen und entfaltet keinerlei eigene Geschäftsaktivitäten.

Das wirkt sich besonders segensreich aus, wenn über diese Holding im Ausland anfallende Gewinne beispielsweise in die Schweiz verschoben werden können, wo sie sich einer geradezu paradiesischen Besteuerung von höchstens 8,5 Prozent erfreuen. Heerscharen von mehr oder weniger seriösen Konstrukteschnitzern bieten solche Modelle an. Mit einigen wenigen Elementen, ein *Trust* in Singapur, eine Stiftung in Liechtenstein, vielleicht zur Würze noch eine → *Panama* S. A., ein Schildchen am Briefkasten eines Anwalts auf Guernsey Island und als Sahnehäubchen noch eine Limited auf den Jungferninseln, das Ganze in einer Holding zusammengefasst: Ein Bollwerk gegen jegliche Kontrolle von außen ist geschaffen.

Einziges Problem: Der eigentliche Besitzer dieser Konstruktion hat sich so gut dahinter versteckt, dass er im Zweifelsfall Mühe hat, seinen Besitz auch beweisen zu können. Das wäre dann natürlich Steuerhinterziehungskünstlerpech.

Homo oeconomicus, der ▶ Der Homo oeconomicus ist das Wirtschaftssubjekt, wie es sich die sogenannte Finanzwissenschaft bis heute gerne schnitzt. Ein Homo oeconomicus handelt rational, will seinen eigenen Nutzen maximieren und verfügt über vollständige Marktinformationen. Er stelle «allen Lebensbeziehungen den Nützlichkeitswert voran», formulierte das der im frühen 20. Jahrhundert hoch angesehene Pädagogik- und Philosophie-Professor Eduard Spranger (1882–1962). Aber der hielt auch Frauenstudium für «großen Unsinn» und salbaderte

1933, als die Nazis in Deutschland an die Macht kamen, «der Aufstieg des neuen deutschen Reiches (bedeute) für die Hochschulen unseres Vaterlandes Erfüllung ihrer Sehnsucht und Bestätigung ihrer stets glühend empfundenen Hoffnungen».

Man sollte den Begriff vielleicht nicht mithilfe eines untauglichen Apologeten niedermachen, denn auch ein Ökonom wie John Stuart Mill (1806–1873) verwendete ihn. Das Problem besteht vielmehr darin, dass es den Homo oeconomicus nicht gibt, Wirtschaftssubjekte die ihm angedichteten Eigenschaften nicht haben – und deshalb alle auf ihm beruhenden Wirtschaftsanalysen falsch sind. Und das sind bis heute die meisten.

Dabei ist längst und vielfach in Experimenten und vor allem in der Realität bewiesen, dass Marktteilnehmer häufig irrational handeln, auch opportunistisch statt den Eigennutzen maximierend, und vor allem nur über asymmetrische Informationen verfügen. Rudelbildungen und anschließende Stampeden an der Börse, die unselige Neigung von → *Analysten*, sich gerade herrschenden Mehrheitsmeinungen anzuschließen, statt klaren Schlussfolgerungen aus Fundamentaldaten zu folgen, und nicht zuletzt die Tatsache, dass viele Gewinne ja eben nur deswegen möglich sind, weil ein Marktteilnehmer mehr weiß als ein anderer, widerlegen sämtliche Grundannahmen beim Homo oeconomicus.

Der unschlagbare Vorteil dieses Konstrukts ist allerdings, dass es sich bequem in mathematischen Formeln und daraus abgeleiteten Algorithmen verwenden lässt. Und gerade mit dieser Mathematisierung meinte ja die Finanzwissenschaft, endlich einen Platz an der Seite exakter Naturwissenschaften erobert zu haben, endlich den Ruch des Stümperhaften, Unzulänglichen, von Irrtum zu Irrtum stolpernden Gebastels loszuwerden. Eines

Homunculus, um im Begriffsfeld zu bleiben, der immer wieder die endgültige Beherrschbarkeit der Wirtschaft ausruft, sich Liberalismus oder Monetarismus nennt und meint, er habe entschlüsselt, an welchem Rad man im Wirtschaftsgefüge drehen müsse, um die beabsichtigte Wirkung zu erzielen. Und nach jeder neuen Wirtschaftskrise, und das noch junge Jahrtausend ist bereits voll davon, immer wieder verblüfft feststellen muss, dass ein Wirtschaftssystem doch etwas komplexer ist, als es sich in seinem letztlich zweidimensionalen Weltbild darstellen lässt.

Mit ihrem Homo oeconomicus gleicht die Wirtschaftslehre einem Naturwissenschafter, der fest davon überzeugt ist, die Erde sei eine Scheibe, und nun versucht, die Tatsache einer Weltumrundung in seinem Erkenntnismodell unterzubringen. In Wirklichkeit sind die meisten Wirtschaftsabläufe überkomplex, dermaßen multifaktoriell, voll von sich gegenseitig und in Wechselwirkungen beeinflussenden Größen, zudem angetrieben von irrational handelnden Subjekten, dass wir heute immer noch sehr weit von einem nur ansatzweisen Verständnis entfernt sind. Auch die anfänglich hochgelobte Globalisierung hat da keineswegs zu einer Vereinfachung beigetragen, ganz im Gegenteil. Eine lokale Katastrophe wie in Japan wäre noch vor wenigen Jahrzehnten in ihren Auswirkungen lokal geblieben, genauso wie eine Immobilienkrise in den USA. Heute senden solche Ereignisse Schockwellen über die gesamte Wirtschaftswelt.

In einer Vorstadt in den USA kauft ein irrational handelnder Arbeitsloser ein Haus, das er sich garantiert nicht leisten kann, weil ihm ein von reiner Geldgier getriebener Banker einen Kredit gibt, von dem er weiß, dass er ihn niemals zurückbezahlt bekommt, und letztlich stehen das internationale Finanzsystem vor der Kernschmelze und viele Banken vor dem Bankrott. Aber

unbeeindruckt von solchen Nebensächlichkeiten basteln sogenannte Finanzwissenschaftler an Wirtschaftsuniversitäten, in
Think Tanks und in hochkarätigen Gremien weiterhin an Modellen, die auf dem Homo oeconomicus beruhen. Ein schöneres
Beispiel für einen Widerspruch in sich selbst lässt sich wohl kaum
finden.

I

Inflation, die ▶ Mehr Geld, gleich viel Güter, Inflation. Einfache Sache. Wenn in einem geschlossenen Wirtschaftskreislauf 100 Franken 100 Brötchen gegenüberstehen, kostet ein Brötchen einen Franken. Verdoppelt der Bäcker seine Anstrengungen und produziert 200 Brötchen, dann kostet eines nur noch 50 Rappen, Deflation. Druckt die Notenbank weitere 100 Franken bei gleichem Brötchenangebot, kostet eines 2 Franken. Einfache Sache.

Druckt die Notenbank weitere 100 Franken, die aber auf die hohe Kante gelegt werden, kostet ein Brötchen immer noch 2 Franken. Denn Geld kann ja Wertaufbewahrungsmittel, Tauschmittel oder Wertvergleichsmittel sein. Offensichtlich spielt aber die Umlaufgeschwindigkeit des Geldes, also ob es gespart oder ausgegeben wird, eine Rolle bei der Inflation. Mal abgesehen davon, dass bei dem Ersatz des Tauschhandels durch Geld – statt hier Tisch, dort ein Sack Weizen, hier Tisch, dort Geld – eine dritte Dimension entsteht, eben die Einführung von Geld. Immer noch eine einigermaßen einfache Sache.

Wenn also in einem modernen Wirtschaftssystem immer nur so viel zusätzliches Geld in Umlauf gebracht wird, wie ihm ein vergrößertes Güterangebot gegenübersteht, gibt es keine Inflation. Sagt zumindest der amerikanische Ökonom Milton Friedman (1912–2006), der Guru aller Neoliberalen. Die unter seiner Ägide in Chile unter der Pinochet-Diktatur umgesetzten wirtschaftlichen Maßnahmen führten allerdings nach anfänglichen Erfolgen 1982 zu einer schweren Rezession und einem Zusammenbruch des Finanzmarkts. Da kommt schon leichtes Kopfkratzen auf.

Nun ist es ja in einem hochkomplexen, modernen Wirtschaftssystem entscheidend, wie Inflation gemessen wird. Normalerweise wird da ein Warenkorb zu Hilfe genommen. Was in ihm nicht enthalten ist, wird nicht gemessen. Dazu kommt noch, dass die sogenannte hedonische Messmethode immer lieber angewendet wird, weil sie die offizielle Inflationsrate schön niedrig hält.

Hedonisch geht so: Wenn beispielsweise die Taktfrequenz eines Computerchips bei gleichbleibendem Preis um 50 Prozent gesteigert wird, fällt sein Preis nach dieser Berechnungsmethode um ein Drittel und, hübsches Nebenergebnis, das Wirtschaftswachstum verzeichnet auf diesem Gebiet 50 Prozent plus. Qualitätsverschlechterungen oder kürzere Lebensdauer werden hingegen nicht berücksichtigt. Die Angaben des Messfühlers der Inflation hängen also von letztlich subjektiven Kriterien des Statistikers oder von politischen Wünschen der Regierung eines Währungsraumes ab. Deshalb spricht man auch von gefühlter Inflation, die sich von offiziellen Zahlen spürbar unterscheiden kann. Gar nicht mehr so einfach zu überblicken.

Ganz einfach zu verstehen ist aber ein Effekt der Inflation: Schuldner profitieren, Gläubiger verlieren. Da der Staat heutzutage der größte Schuldner ist und gleichzeitig über den Einsatz der Notenpresse die Inflation steuern kann, liegt es nahe, dass er früher oder später versuchen wird, seine Schulden wegzuinflationieren.

Überhaupt nicht zu verstehen ist hingegen, dass im Gefolge der letzten Finanzkrise die meisten großen Industriestaaten, insbesondere die USA, Japan und die Staaten im Euroraum, neue Geldsummen im 1000er-Milliardenbereich hergestellt haben, ohne dass es bislang zu einer nennenswerten Inflation kam. Dazu sagt Friedman nichts mehr, weil er schon länger tot ist. Aber allen Finanzwissenschaftlern, seien es Monetaristen, Neukeynesianer oder Neuklassiker, fällt dazu auch nichts ein.

Es bleibt also festzuhalten, dass die moderne Finanzwissenschaft bis heute weder zuverlässige Messmethoden noch stimmige Erklärungsmodelle für etwas eigentlich Banales wie die Inflation, ihre Berechnung oder gar ihre Beherrschbarkeit zustande gebracht hat.

Investmentbank, die ▶ Was haben Pest, Cholera, Nachttöpfe mit innen angebrachtem Henkel und Investmentbanken gemeinsam?

K *Krise, die* ▶ «Eine Krise ist vorbei, wenn niemand mehr die Lage als Krise erkennt.» Diesen großartigen Satz von Oswald → *Grübel* sollten wir uns merken, bis die unausweichliche nächste Finanzkatastrophe über uns hereinbricht.

Denn selbstverständlich ist die aktuelle Lage als sehr gefährliche Krise erkennbar. Um wenigstens eine Wiederholung der großen Finanz-Kernschmelze von 2008 zu vermeiden, wurden deshalb in den USA, in Europa und auch in der Schweiz großartige staatliche Regulatorien angekündigt (→ *too big to fail)*. 2011 zeigen die als tönerne Kolosse wiedererstarkten Banken, was sie davon halten: nichts.

Und nachdem sie eine Weile dezent geschwiegen haben und hinter den Kulissen die Regulierungsvorschläge der Regierungen der wichtigsten Industriestaaten zu Kleinholz verarbeiteten, liegen die Fakten auf dem Tisch.

Herunterfahren oder Abspalten des hochriskanten Investment Banking-Geschäfts? Vom Tisch. Leverage Ratio, also ein gesundes Verhältnis zwischen Eigen- und Fremdkapital? Ins Ungefähre und Unübersichtliche verschoben. Jährliche Stresstests? Ja, aber ohne Stress. Verbot von hochriskanten und nicht beherrschbaren Derivategeschäften, → *Leerverkäufen,* → *High Frequency Trading,* Einführung von Bonus-/Malus-Systemen, Stärkung der Position des Risikonehmers, des Aktionärs? Ach was. Selbst das berühmte «Swiss Finish», das die Eigenkapitalvorschriften von → *Basel* ganz leicht anheben soll, soll voraussichtlich erst 2019 umgesetzt werden. Wetten, dass vorher die nächste Finanzblase platzt?

Mit einem Eigenkapital von 30 Milliarden Finanzräder von 1000 Milliarden drehen? Kein Problem, risikogewichtet, was immer das sein soll, lassen sich 1000 Milliarden problemlos auf die Hälfte runterrechnen und die 30 Milliarden auf das Doppelte aufpumpen. Ist aber sowieso l'art pour l'art.

Ein konkretes Beispiel: Die beiden Schweizer Großbanken UBS und CS haben Credit Default Swaps *(→ CDS)* im Wert von je rund 1000 Milliarden Franken ausstehen. Sollten diese Kreditausfallversicherungsderivate zur Zahlung fällig werden, müssten die beiden Banken das Vierfache des helvetischen Bruttosozialprodukts auf den Tisch legen. Aber nein, sagen da die Banker, wir haben das natürlich mit Gegenversicherungen ausgeglichen, das hebt sich dann im Falle einer Krise einfach auf, keine Panik.

Natürlich hebt sich das nicht vollständig auf, sonst wäre es ein Nullsummenspiel, an dem nicht mal Banken etwas verdienen würden. Und gerade in einer Finanzkrise geraten alle Banken ins Trudeln, und eine Versicherung ist bekanntlich nur dann etwas wert, wenn die Gegenpartei auch zahlen kann. Sonst macht's bumm. Die amerikanischen Steuerzahler, die den Versicherungsgiganten AIG beim letzten Mal mit bislang über 180 Milliarden Dollar vor dem Zusammenbruch retten mussten, wissen davon ein Liedchen zu singen.

Aber gehen wir optimistisch und im grübelschen Sinne nicht vom Schlimmsten aus. Nehmen wir an, dass von diesen 1000 Milliarden im Feuer stehenden CDS bloß 40 Milliarden verbrennen, läppische 4 Prozent. Bereits dann hätte die UBS ein negatives Eigenkapital, die Bank wäre konkursit. Doch das ist ja banales Einmaleins, das nach Meinung der Banker vielleicht eine gewisse Kenntnis der Grundrechenarten, aber keinesfalls das nötige Fachwissen über modernes Financial Engineering *(→ Alchemie)* enthält.

Also fassen wir die Geschäftstätigkeit moderner Großbanken in ein Bild, das sowohl der Laie wie der Fachmann versteht: Diese Art von gehebelter Hochrisikospekulation ist so, als ob man ein AKW ohne Kontrollstäbe betreiben würde. Ach, und in der Kommandozentrale sitzen verantwortungslose Wahnsinnige vor riesigen Schaltpulten, drücken wie wild auf alle Schalter und sind nur an einem interessiert: Dass irgendwo möglichst geräuschlos und möglich schnell Milliardenboni herausrauschen.

L **Leerverkauf, der** ▶ Naked Short Selling, und nur darum soll es hier gehen, bedeutet, dass ein Spekulant darauf wettet, dass der zukünftige Preis einer Ware oder eines Finanzinstruments niedriger als der aktuelle sein wird. Nackt steht er deswegen da, weil er dabei gar nicht im Besitz des Verkaufsobjekts ist. Auf Deutsch nennt man das ungedeckter Leerverkauf.

Der Spekulant, nur so funktioniert das Geschäft, muss nun einen Wettpartner finden, der im Gegensatz zu ihm überzeugt ist, dass das Produkt übermorgen teurer als heute sein wird. Für den Spekulanten geht die Wette auf, wenn er übermorgen das Produkt zu einem niedrigeren Preis kaufen, aber zum heutigen höheren Preis verkaufen kann. Der Wettpartner macht natürlich im umgekehrten Fall einen Reibach.

Leerverkäufe sind keine Erfindung des modernen Financial Engineering (→ *Alchemie*), sondern schon seit Anfang des 16. Jahrhunderts bekannt. Als Absicherungsmaßnahme oder als sogenannte Cash-and-Carry-Arbitrage, die relativ risikolos mit Preisunterschieden zwischen dem Kassa- und dem Terminkurs (heutiger Preis und festgelegter zukünftiger Preis) spielt, machen sie durchaus Sinn.

Während in den USA nackte Leerverkäufe bei fallenden Aktienkursen von 1932 bis 2007 verboten waren und seither nur unwesentlich reguliert wieder erlaubt sind, limitierte zum Beispiel Deutschland ab 2007 diese Spekulation, seit 2010 ist sie weitgehend untersagt. Eine der wenigen hilflosen und absurden Maßnahmen, um wilde Zockerei in den Griff kriegen zu wollen.

Es ist nämlich ein Irrtum anzunehmen, dass Leerverkäufe, auch nackte, grundsätzlich des Teufels wären. Zum einen braucht es ja immer zwei Wettpartner für dieses Spiel, sonst kann es nicht stattfinden. Zum anderen können solche nackten Leerverkäufe auch durchaus zu steigenden Kursen beitragen. Man nennt das Short Squeeze. Wenn nämlich im Gegensatz zu den Erwartungen des nackten Leerverkäufers beispielsweise der Aktienkurs seiner Spekulation steigt, muss er sich so schnell wie möglich mit Aktien eindecken, um noch größere Verluste zu vermeiden. Und mehr Nachfrage, dieses Grundgesetz des Marktes funktioniert sogar manchmal, führt bekanntlich zu steigenden Preisen.

Zu Teufelszeugs werden nackte Leerverkäufe allerdings durch die Verbindung mit einem anderen Instrument der Finanzhexenküche: der Leverage oder → *Hebel*. Diese von → *Hedgefonds* gerne verwendete Strategie besteht darin, dass der Leerverkäufer nicht nur über das zur Lieferung zu einem festen Termin zu einem festen Preis versprochene Finanzprodukt gar nicht verfügt, sondern auch noch mit geliehenem Geld operiert. Falls eine solche Höllenfahrt schiefgeht, und das soll ja vorkommen, dann fliegt nicht nur beim Spekulanten oder Hedgefonds das Dach weg, sondern auch bei vielen seiner Gläubiger ist Feuer im Dachstock.

Da ist es beruhigend zu wissen, dass seit der letzten Finanzkrise die Staatsfeuerwehr bereitsteht und den Brand mit Steuergeldern, aktuellen und zukünftigen, löscht. Besonders angenehm ist das übrigens für den ganz geschickten Spekulanten, der selbst gar nicht involviert war, sondern lediglich als Mittelsmann am bewegten Volumen riesige Gebühren verdiente. Und die sind, Banker kennen sich ja, immer up front fällig, also vor der Durchführung des Geschäfts.

LTCM ▶   Es war einmal der → *Hedgefonds* Long Term Capital Management. Es begab sich im Jahre 1994, dass die edelsten Denker und Praktiker der Finanzwelt ihr geballtes Wissen bündelten, um der Welt zu zeigen, wie man mit reiner Wissenschaft richtig Geld verdienen kann.

Namen wie Donnerhall versammelten sich in der Führung von LTCM: John Meriwether, der Goldjunge von Salomon Brothers. Die beiden Wirtschaftsnobelpreisträger Myron Samuel Scholes (→ *Black-Scholes-Modell)* und Robert C. Merton, oder auch David Mullins, ehemaliger Vizepräsident der US-Notenbank Fed.

Wie in einem wahren Märchen war das Geschäftsmodell selbst für die Gebrüder Grimm verständlich: LTCM sollte wie ein Staubsauger funktionieren. Oder wie das Scholes auch für Laien nachvollziehbar formulierte: «LTCM ist das Vakuum, das die 5-Cent-Stücke von der Straße aufsaugt, die sonst niemand sehen kann.»

Etwas wissenschaftlicher ausgedrückt, saugte der Staubsauger LTCM Geld durch Arbitragegewinne rein, also kurzfristige Bewertungsdifferenzen in unterschiedlichen Märkten von Aktien, Währungen und so weiter. Dank der Zauberformeln von Black-Scholes und Merton wusste man ja, wie man den intrinsischen oder wahren Wert eines Papiers berechnen konnte. Um den bewegen sich dann, im Rahmen der Gauß'schen Normalverteilungsglocke, irrationale Abweichungen des Marktes. Da diese aber mit mathematischer Sicherheit langfristig gesehen – deshalb Long Term Management – zum wahren Wert zurückkehren, kann nichts schiefgehen, wenn man den berechnet hat.

Der Ausdruck «Staubsauger» war tatsächlich gut gewählt, denn um diese Geldmaschine zu betreiben, muss man viel Wind machen, oder wie Finanztechniker sagen: Leverage *(→ Hebel)* benutzen, also das Eigenkapital mit geliehenem Geld verstärken. Das märchenhafte Resultat: Bei einem Hebel von 40 realisiert man einen Gewinn von rund 40 Prozent auf das Eigenkapital, wenn man nach Abzug aller Kosten lediglich ein Prozent Profit macht.

Märchenhafte Gewinne waren die Folge, so schüttete LTCM bei einem Eigenkapital von 7,3 Milliarden Dollar Ende 1997 hübsche 2,7 Milliarden Gewinn an seine Teilhaber aus, nach Abzug aller Unkosten, Kommissionen, Provisionen und Boni. Aber schon Mitte 1998 zogen dunkle Wolken auf. Wie hätte Carl Friedrich Gauß (1777–1855), von den Koryphäen bei LTCM ganz zu schweigen, auch ahnen können, dass Russland in eine Währungskrise geriet und, noch schlimmer, der Markt so irrational reagierte, dass er sich außerhalb der Normalverteilungskurve begab, dieser Schlingel. Die armen Kaiser ohne Kleider des LTCM mussten einräumen, dass einem Eigenkapital von lediglich 2,1 Milliarden Dollar 125,4 Milliarden Schulden gegenüberstanden, bei einem Bilanzvolumen von 1,25 Billionen.

Im Märchen wären nun die Bösewichte ihrer gerechten Strafe zugeführt worden. In der viel fantastischeren realen Finanzwelt musste der Fed-Chef Alan Greenspan die US-Leitzinsen senken; unter der Leitung des Fed versammelten sich am 23. September 1998 in der New Yorker Zentralbank zur Rettungskrisensitzung Finanzhäuser wie Lehman Brothers (inzwischen pleite), Bear Stearns (inzwischen pleite), Bankers Trust (gleich anschließend von der Deutschen Bank übernommen), Merrill Lynch (im Rahmen der Finanzkrise von der Bank of America geschluckt), Travellers Group (gleich anschließend von der Citicorp gefressen) und weitere Zockerbanken. Salomon Brothers konnte leider nicht mehr mithelfen, die 1910 gegründete Traditionsbank war schon 1991 ins Schlingern geraten und geschluckt worden.

Alle an der Sitzung beteiligten Banker waren sich einig: LTCM musste gerettet werden, sonst wären die Auswirkungen unabsehbar gewesen, das internationale Finanzsystem hätte zusammenbrechen können, LTCM war → *too big to fail*, obwohl es diesen Ausdruck damals noch gar nicht gab. Alleine die UBS durfte im Rahmen der Abwicklung von LTCM rund 700 Millionen Dollar abschreiben.

Und die Moral von der Geschicht? Zuerst der märchenhafte wahre Schluss. Denn wenn sie nicht gestorben sind, dann leben sie noch heute. Robert Merton gibt inzwischen seine wertvollen Erkenntnisse an die Studenten des renommierten Massachusetts Institute of Technology (MIT) weiter. Scholes leitet einen Hedgefonds namens Platinum Asset Grove Management. Und der arme John Meriwether, weil nicht sein kann, was nicht sein darf, legte einen neuen Fonds nach dem Modell von LTCM auf, der in der Finanzkrise 44 Prozent seines Werts verlor und im Juli 2009 geschlossen wurde. Was ihn nicht daran hinderte, 2010 einen dritten Hedgefonds nach dem bewährten Erfolgsmodell von LTCM ins Leben zu rufen.

Die gar nicht märchenhafte Moral ist allerdings, dass die Geschichte von LTCM alle Elemente enthält, die sich in der unvorhersehbaren, mit keinem Modell antizipierbaren, wie ein Erdbeben als eine Strafe Gottes über die Finanzmärkte 2007 hereinbrechenden Finanzkrise wiederholten. Inklusive der kleinen Vorgeschichte von John Meriwether, der im Zusammenhang mit dem Handelsskandal, der zum Untergang von Salomon Brothers führte, eine Busse von 50 000 Dollar kassiert hatte.

Aber die wahren Märchenerzähler sind heute Banker und Finanzwissenschafter, wobei es keine Gebrüder Grimm mehr gibt, die der Öffentlichkeit und ihrem Kurzzeitgedächtnis mit einer Sammlung von wahren Finanzmärchen auf die Sprünge helfen.

M

Madoff, Bernard ▶ Der eigentliche Skandal ist nicht, dass es Bernard Madoff mit seiner Investment Securities LCC gelang, rund 60 Milliarden Dollar von geldgierigen Anlegern abzuräumen und davon 20 Milliarden zu verrösten. Das ist lediglich der Weltrekord in einer Betrügersparte, die existiert, seit John Law mit seinen Spekulationsblasen dafür sorgte, dass um 1720 das Wort Millionär Einzug in unseren Sprachschatz hielt.

Sei es ein Ponzi, ein Behring, ein Stanford, ein Schenkkreis, das Prinzip ist immer das gleiche: Jemand behauptet, er habe eine Black Box erfunden, die eine garantierte Rendite produzierte. Sei das durch mirakulöse Geldvermehrung, das Erfinden eines Eldorado oder durch das Entschlüsseln des genetischen Codes der Börse, wie das der Schweizer Spekulant Dieter Behring nannte, in dessen sogenannten → *Hedgefonds* auch immerhin 1,2 Milliarden Franken flossen. Ungeachtet der Tatsache, dass Behring bereits 1990 mit der gleichen Nummer bankrottgegangen war. Das alles sind nur Beiträge zum trüben Kapitel menschlicher Dummheit und Gier.

Auch im Fall Madoff, der immerhin von 1990 bis 2008 ungestört agieren konnte, hätte alleine die Frage, wie es denn sei kann, dass ein Anleger immer und kontinuierlich den Markt um Längen schlägt und garantierte Erträge von 10 bis 15 Prozent erwirtschaften will, das Schneeballsystem in die Luft sprengen können.

Der Skandal bei Madoff besteht auch nicht darin, dass bereits 1999 die amerikanische Börsenaufsicht SEC vor dem Treiben Madoffs gewarnt wurde. Und 2005 schickte ein Konkurrent Madoffs einen großen Bericht an die SEC unter dem völlig richtigen Titel: «Der größte Hedgefonds der Welt ist ein Betrug.» Das war ja auch offenkundig, weil Madoff angeblich Geschäftsvolumen tätigte, die doppelt so groß waren wie der gesamte Handel an der größten Derivatebörse der Welt von Chicago. Ohne dabei irgendwelche Belege oder sonstige Spuren zu hinterlassen.

Der Skandal bei Madoff besteht allerdings darin, dass über Jahrzehnte hinweg wohlbezahlte → *Analysten*, Finanzspezialisten, Fondsmanager und Anlagekenner nicht in der Lage waren, ein banales, simples, uraltes Schneeballsystem zu durchschauen. Sie haben damit einmal mehr bewiesen, dass ihre Expertisen keinen roten Heller wert sind. Alleine Banken und Investmenthäuser in Genf haben trotz der dort versammelten geballten Kompetenz 4,22 Milliarden Dollar bei Madoff in den Sand gesetzt.

Aber damit nicht genug. Der Konkursverwalter des Madoff-Imperiums, Irving H. Picard, hat Ende 2010 eine Klage gegen die UBS eingereicht. Hintergrund: Die auf Fondsanalysen spezialisierte UBS-Tochter Fondvest hatte das Geschäftsgebaren der Bernard L. Madoff Investment Securities laut Klageschrift bereits Anfang dieses Jahrtausends untersucht, ein vernichtendes Urteil abgegeben und die Zustimmung zur Vermarktung an UBS-Kunden verweigert. Dennoch gründete die Schweizer Großbank sogenannte Feeder-Fonds, mit denen Madoffs Finanzvehikel gefüttert wurden. Einer trug den schönen Namen «Luxalpha». Nur zwei der acht Verwaltungsräte von «Luxalpha» wurden durch Access-Partner gestellt, die den Fonds überwachten. Die sechs anderen waren UBS-Manager. Das investierte Geld floss über UBS-Konten zu Madoff. Nachdem immer mehr Warnlämpchen aufleuchteten, wurden nicht etwa sofort die Anleger alarmiert. Sondern es geschah Folgendes: Alleine in den letzten drei Monaten vor Madoffs Konkurs wurden 796 Millionen Dollar an diese Feeder-Fonds zurücküberwiesen. Die UBS und der Fonds kassierten laut Anlageschrift zusammen 83,6 Millionen Dollar an Gebühren. Und kurz vor Zusammenbruch des Madoff-Systems ließen sich die UBS und die UBS-Luxalpha-Verwaltungsräte persönlich bestätigen, dass sie nicht haftbar seien, sondern nur «Aushängeschilder». Picard will nun mit seiner Klage testen, ob diese Verteidigungslinie hält.

Markt, der ▶ Der Markt regelt im Zusammenspiel zwischen Angebot und Nachfrage die Preise und somit den Wert von Produkten. Adam Smith (1723–1790), der Übervater der Ökonomen, nannte diese Bestimmung des Werts das «Walten einer unsichtbaren Hand».

Viel weiter ist auch die moderne Finanztheorie nicht gekommen, sie hat nur ein paar neue Ausdrücke erfunden. So spricht man gerne vom intrinsischen, also inneren Wert oder auf Banglisch vom «fair value». Dem liegt die Vermutung zugrunde, dass jedes Produkt und auch jedes Wertpapier einen «angemessenen» Wert hat, vom dem sich der aktuelle Marktpreis allerdings unterscheiden kann. Denn der Marktpreis, so weit die Theorie, richtet sich nach Angebot und Nachfrage, während eine Fundamentalanalyse nach angeblich objektiven Kriterien den inneren oder wahren Wert ermitteln kann. Aus diesen Überlegungen entstand ein ganzer Zoo sich gegenseitig widersprechender Markttheorien. Die Effizienzmarkthypothese geht davon aus, dass in den Finanzmärkten alle Informationen bereits eingepreist sind, was dazu führen müsste, dass niemand auf Dauer den Markt schlagen und überdurchschnittliche Gewinne machen könne. Dem widerspricht die Random-Walk-Theorie, die davon ausgeht, dass es nur zufällige Bewegungen gibt, sie trägt daher auch den schönen

Übernamen Irrflug-Statistik. Anhänger der Behavioral Finance gehen hingegen davon aus, dass die Psychologie der Marktteilnehmer eine entscheidende Rolle auch bei der Preisfestsetzung spielt, womit sie Marktanomalien, verursacht durch irrationale Entscheidungen, zu erklären versuchen. Damit setzen sie sich natürlich in einen scharfen Gegensatz zu den Anhängern des → *Homo oeconomicus.*

Alle diese verschiedenen Theorien werden natürlich mit hochkomplexen mathematischen Formeldschungeln überwachsen, damit Wirtschaftsstudenten auch etwas zu tun haben, wenn sie sich mit dem Phänomen Markt auseinandersetzen.

Immerhin unterscheiden sich alle diese Theorien wohltuend von flachköpfigen Apologeten eines sogenannten freien Marktes, der je freier desto idealer das wirtschaftliche Zusammenleben wie von selbst organisiere. Zum einen müssen diese Anhänger der freien Marktwirtschaft gerade in den letzten Jahren zähneknirschend eingestehen, dass ein weitgehend unregulierter Finanzmarkt zur größten finanziellen Katastrophe aller Zeiten geführt hat. Zum anderen kann man es Adam Smith nachsehen, dass er in den Anfängen der Nationalökonomie, als man sich mit der interessanten Frage erstmalig zu beschäftigen begann, wie eigentlich der Wohlstand von Nationen entsteht, dem Markt Lenkungskräfte zugestand. Dem liegt der erkenntnistheoretische Zirkelschluss zugrunde, dass ein vom analysierenden Menschen in einen Vorgang hineingebrachtes Erklärungsmodell dem Vorgang selbst eigen sei. Smith nannte das «unsichtbare Hand», modernere Adepten nennen es «freies Spiel der Märkte». In Wirklichkeit gibt es natürlich keine unsichtbaren Hände, sind Märkte weder frei noch unfrei, spielen können sie schon gar nicht. Sondern der Markt ist ein vom Menschen erfundenes Modell des

Austauschs von Produkten, Werten und Dienstleistungen. Darüber hinaus hat er kein Wesen, keine Seele, kein eigenes Bewusstsein und schon gar nicht eigene Kräfte. Oder einfacher gesagt: Wenn die Marktteilnehmer Feierabend machen, dann ruht sich der Markt nicht aus und sammelt auch keine neuen Kräfte, dann ist er weg, der Markt.

O *Obligation, die* ▶ Das ist ein festverzinsliches Wertpapier mit festgelegter Laufzeit und fixem Nennwert. Eine bombensichere Anlage, außer der Schuldner geht pleite. Ein unspektakuläres, aber sinnvolles Ertragsmodell.

Nehmen wir einmal an, eine solche Obligation wirft, wie das jahrzehntelang der Fall war, auch heute eine anständige Rendite von 5 Prozent, inflationsbereinigt, ab. Statt wie in der Realität bei einer Schweizer Staatsanleihe läppische 1,7 Prozent, also faktisch nichts.

Welche Gemeinde, Pensionskasse oder welcher Kleinanleger würde sich bei einer anständigen Verzinsung einer Obligation stattdessen ein undurchschaubares, hoch spekulatives, mit gewaltigen Risiken behaftetes Teufelszeug wie einen Spread Ladder Zins-Swap *(→ Swap)* andrehen lassen?

Welcher Banker käme auf die Idee, eine solche Wette über den Zinsabstand zwischen zweijährigen und zehnjährigen Staatsanleihen zu basteln und ernsthaft anzubieten?

Welcher Anlageberater würde nicht aus dem Besprechungsraum gelacht, böte er ernsthaft einen solchen Schwachsinn an, mit dem er eine Kommission und seine Bank mit höherer Wahrscheinlichkeit als der Kunde etwas verdient?

Ursache und Wirkung: Das über Jahrhunderte bewährte Anlagemodell Obligation funktioniert heute nicht, weil es wegen der verbrecherischen Niedrigzinspolitik *(→ Zinsen)* keinen Ertrag abwirft. Das hat dazu geführt, dass auch nicht geldgierigen Anlegern Zockerpapiere wie ein Spread Ladder Zins-Swap angedreht wurden. Ein Wettschein, bei dem der Verkäufer alle

Trümpfe in der Hand hält und der Käufer Lotterie spielt, ohne es zu wissen.

Zurück zur Gegenwart: In Europa wurden diese Papiere in Milliardenhöhe in Umlauf gebracht. Ein deutscher mittelständischer Unternehmer, dem durch einen solchen Zins-Swap eine halbe Million Euro abhanden kam, wollte es wissen und ist in seinem Prozess gegen die Deutsche Bank, von der er sich «eiskalt über den Tisch gezogen» fühlt, beim Bundesgerichtshof angelangt. Angesichts einer drohenden Niederlage griff der Anwalt der Riesenbank zu drastischen Worten und warnte die Richter, ja nicht Recht zu sprechen: «Dann lösen Sie eine zweite Finanzkrise aus.»

Nachdem das Urteil zugunsten des Klägers gefällt wurde (siehe → *Swap),* ist also nach Ansicht der Deutschen Bank die zweite Finanzkrise bereits ausgebrochen.

Da die letzte Finanzkrise noch gar nicht ausgestanden ist, spielt es eigentlich gar keine Rolle, welche Zahl man vornedran stellt. Viel gravierender ist aber das anhaltende Problem, dass eines der wichtigsten Instrumente, eben die Obligation, mit der sich Unternehmen in der sogenannten Realwirtschaft Geld besorgen können, dermaßen unattraktiv ist, dass es kaum mehr Nachfrage gibt. Ein Privatanleger wird sich eher in potenziell ertragreichere Derivategeschäfte hineinberaten lassen oder auf seinem Geld sitzen bleiben. Und Banken sind sowieso nicht daran interessiert, ihrer eigentlichen Aufgabe nachzugehen und an produktive und das Bruttosozialprodukt steigernde Firmen Geld auszuleihen. Das macht einen Haufen Arbeit, beinhaltet das Risiko, dass die Firma pleitegeht und das schöne Geld futsch ist, und selbst im besten Fall bringt das eine Rendite im unteren einstelligen Bereich. Damit lässt sich natürlich keine Eigenkapi-

talrendite von 25 Prozent erwirtschaften. Und davon hängt der →
Bonus des Bankers ab. Sein Lebenselixier, sein Sinn des Lebens.

Option, die ▶ Eine Option öffnet das erste Tor zur Hölle.
Das handelbare Recht, irgendwas zu einem späteren Zeitpunkt
für einen heute vereinbarten Preis zu kaufen oder zu verkaufen,
verwandelte sich von einem durchaus sinnvollen Markt mit Ter-
minkontrakten *(→ Spekulation)* durch die angebliche Bestimm-
barkeit des «wahren Wertes» einer Option *(→ Black-Scholes-
Modell)* in russisches Roulette. Gerne auch mal mit sechs
Kugeln in sechs Kammern.

Bei Wettgeschäften mit der Zukunft darf natürlich die Pseu-
dofinanzwissenschaft nie fehlen, die ein ganzes Alphabet von
sogenannten Griechen erfand, womit das griechische Alphabet
gemeint ist, das bei gehobenen mathematischen Prozessen eine
wichtige Rolle spielt. Von Delta bis Omega sollen diese Kenn-
zahlen oder «Sensivitäten» ermöglichen, zukünftige Bewegungen
einer Option zu berechnen.

Wichtiger als dieses mathematisch verkleidete Muschelwerfen ist gleichwohl die fiese Tatsache, dass der Besitzer eines
ungedeckten Short-Calls nur einen sehr begrenzten maximalen
Gewinn einfahren kann, aber auf einem potenziell unbegrenzten
Verlustrisiko sitzt. Dieses Spekulationsmodell wird aber nicht nur
von mit allen Wassern gewaschenen Zockern verwendet, sondern
häufig und gern von abgefeimten Anlageberatern harmlosen Anlegern reingedrückt, die etwas Pep in ihr langweiliges Aktiende-
pot bringen möchten und, meist ebenso wie die Berater, keine
Ahnung haben, auf welche Höllenmaschine sie sich da einlassen.

Die funktioniert so: Ungedeckt bedeutet, dass der Verkäufer
einer Option (short) nicht im Besitz des ihr zugrunde liegen-

den Basiswerts ist. Nehmen wir an, das sei eine Aktie mit dem Ausübungspreis 100, während der Wert der Option 10 beträgt. Ausübungspreis bedeutet, dass der Verkäufer verspricht, eine bestimmte Anzahl Aktien zu liefern, wenn deren Börsenwert über 100 liegt. Einem potenziellen Gewinn von 10, dem Wert der Option, steht ein potenziell unbegrenzter Verlust gegenüber, je nachdem, in welche Höhe die Aktie geklettert ist, wenn sie geliefert werden muss. Schon viele unbedarfte Zocker zuckten zusammen, als man ihnen das hübsche Wort «underlying» erklärte. Das bedeutet, dass jede Option ja an die Preisentwicklung einer Bezugsgröße gekoppelt ist. Und wenn die sich in die nicht erwartete Richtung bewegt, dann ist sofort ein Nachschuss auf die Optionsspekulation fällig. Kann die nicht geleistet werden, wird das ganze Geschäft sofort liquidiert, also der Einsatz ist weg. Die Schulden aus der Nachschusspflicht bleiben allerdings.

Aber hier bewegen wir uns ja erst in der Vorhölle, richtig teuflisch wird es erst im Fegefeuer der → *Derivate*.

PPanama S.A. ▶ Eine Sociedad Anónima oder Aktiengesellschaft in Panama ist eines der letzten Bollwerke im internationalen Steuer- und Gewinnhinterziehungsgeschäft.

Ihre Gründung ist kinderleicht, billig und schnell. Man beauftragt einen einschlägigen Notar, der entweder innerhalb von zehn Tagen die Gründung durchzieht oder, noch schneller, eine bereits gegründete AG aktiviert. Kostet ab 500 US-Dollar, ein Mindestkapital muss nicht einbezahlt werden. Die Vorteile sind unschlagbar:

- Der Besitzer oder Aktionär muss nicht offengelegt werden; es kann auch eine juristische Person oder ein sogenannter Nomminee sein, das gilt auch für die Direktoren der AG.
- Außerhalb Panamas erwirtschaftete Gewinne sind steuerfrei, es muss lediglich eine Fixabgabe von 300 Dollar pro Jahr entrichtet werden.
- Steuererklärung, Bilanz, Buchhaltung, Jahresbericht: braucht es nicht.
- Doppelbesteuerungsabkommen: Kennt Panama nicht.
- Das Sahnehäubchen: Der sogenannte Beneficial Owner, also der Profiteur dieser Konstruktion, muss nicht bekannt gegeben werden.

Wem das immer noch nicht sicher genug ist, der fügt eine Panama S.A. in eine → *Holding* über einen → *Trust* ein, der seinen Sitz beispielsweise in Singapur hat.

Das muss aber nicht sein, denn in Panama gilt im Gegensatz zur Schweiz sowohl das Bank- wie auch das Anwaltsgeheimnis vollumfänglich – außer für US-Steuerzahler, aber weil die Panamesen lernfähig sind, werden keine Privatgelder aus den USA mehr akzeptiert.

Kleiner Tipp für Anfänger: Bloß keine Spuren bei der Überweisung von Schwarzgeldern und nicht deklarierten Gewinnen hinterlassen.

Pimco ▶ Geld ist das Brecheisen der Macht, sagte Nietzsche. Wer hat heute das größte Brecheisen? Staaten? Nun, die können zwar Geld drucken, haben aber meistens keins, sondern Schulden. Länder wie Saudi-Arabien, Brunei? Der Mexikaner Carlos Slim, die üblichen Verdächtigen wie Bill Gates oder Warren Buffett? Oder gar die Schweiz, da jeder Eidgenosse im Schnitt ein Geldvermögen von 164 000 Euro besitzt, Weltrekord?

Das alles sind Peanuts im Vergleich zu den 1,2 Billionen Dollar, über die Pimco verfügt. Wer? Pimco ist das Akronym für die *P*acific *I*nvestment *M*anagement *C*ompany im sonnigen Kalifornien. Dieses Unternehmen verwaltet sagenhafte 1 200 000 000 000 Dollar Anlagevermögen. Wenn CEO Mohamed El-Erian oder der Pimco-Gründer Bill Gross die Augenbraue heben oder senken, dann wanken Staaten, Präsidenten greifen hektisch zum Telefon, und Abermillionen von Beitragszahlern in die größten Pensionskassen der Welt, die ihr Geld von Pimco anlegen lassen, zucken zusammen.

Denn angespartes Rentenkapital *(→ Rente)* macht inzwischen den größten Teil des Weltvermögens aus. Das ist via Pimco in erster Linie in Staatsanleihen angelegt. Also wählen die beiden Herren ihre Worte mit Bedacht, vorsichtig, dezent, wattig.

Nun ja: «Hat es jemals ein dreisteres Schneeballsystem gegeben?», schimpft Bill Gross. Nein, damit meint er nicht → *Madoff.*

Sondern die Politik der US-Notenbank FED, Staatsanleihen aus-
zugeben und auch gleich wieder selber aufzukaufen: «Schecks in
Milliardenhöhe auszustellen ist keine Sache, die Anleihebesitzer
glücklich machen sollte, sie wirkt stattdessen inflationär und,
um die Wahrheit zu sagen, wie ein Schneeballsystem», doppelt
Gross angesichts der Tatsache nach, dass die US-Notenbank inzwischen sogar China als größten Geldgeber der USA abgelöst
hat. Und sein Kollege El-Erian stimmt zu: «Wenn es hart auf hart
kommt, werden die USA den Inflationsweg nehmen.» Konse-
quenterweise hat sich Pimco von sämtlichen US-Staatspapieren
getrennt. Aus die Maus.

Die beiden Herren kennen eben die Geschichte. Sie wissen,
dass die Verringerung der US-Staatsschulden von 1946 bis 2003
zu 56 Prozent auf steigende Preise zurückgeht. Nur 44 Prozent
stammen vom Wirtschaftswachstum.

Und was meint Pimco so zur Zukunft des Euro? Auch
dazu gibt es klare Worte: «Die Politik darf nicht länger die Augen vor einer Staatspleite verschließen.» Den Fast-Pleitestaaten
Griechenland, Portugal und Irland wird empfohlen, zumindest
vorübergehend aus der Währungsunion auszutreten, den Gläubigern von Griechenland, sich so etwa 50 Prozent ihrer Forderungen ans Bein zu streichen.

So viel zum Thema, dass es angesichts des nächsten Finanz-
desasters niemand gesagt oder gewusst hätte, damit Banker wieder von «unvorhersehbarer Katastrophe» oder «mit keinem Modell antizipierbaren Ereignissen» schwadronieren können.

Private Banker, der ▶ Schon der Titel ist geklaut. Ein echter
Privatbankier ist persönlich haftender Teilhaber an seiner Pri-
vatbank. In der Schweiz versammeln sich in der Vereinigung

Schweizer Privatbankiers noch ganze 13 Stück davon. Dennoch nennen sich Zehntausende von Angestellten von Großbanken auch so. Dabei sind sie Lohnabhängige, haften nur an ihrem Schreibtisch und für sonst gar nichts. Zwischen dem Banquier und dem Banker gibt es also mehr als nur einen semantischen Unterschied.

Private Banker sind diese Angestellten nicht, die meisten nicht einmal Banker. Staubsaugervertreter, Koch, Rechtsanwalt, Bürogummi mit oder ohne Berufsabschluss, nichts ist unmöglich, wenn man Private Banker werden will, weil man vorher einen anderen Beruf verfehlt hat. Fachkenntnisse sind nicht erforderlich, bankinterne Textschnitzer spülen den Private Bankern in regelmäßigen Abständen sogenannte → *Wordings* auf den Computerbildschirm; diese Anlageempfehlungen und Geheimtipps lesen sie dann einfach dem Kunden vor. Ein Investment Committee der Bank legt die Vorgaben fest, wie viel von welchen Produkten der Private Banker seinen Kunden andrehen soll.

Davon hängt das Lebenselexir dieser Verkäufer ab, der → *Bonus*. Planerfüllung wird erwartet, Planübererfüllung wird belohnt, wer zwei Mal hintereinander die Latte reißt, erleidet im besten Fall einen Karriereknick, im Normalfall wird er entlassen. Und wir reden hier von Quartalszielen, wohlgemerkt.

Noch wichtiger als das Erreichen dieser Dreimonatsziele ist für den Private Banker die Generierung von Neugeld. Also das Akquirieren von neuen Kunden, die jährlich schon mindestens 40 Millionen Franken in den Tresoren der Bank deponieren sollten. Um für die nötige Motivation des Private Bankers zu sorgen, werden Fünfergruppen gebildet, man will ja bei der Generierung von Neugeld flexibel sein. Auch hier wird jedes Quartal Kassensturz gemacht, wer zwei Mal hintereinander Platz fünf erwischt, hat eine gute Chance, ins Backoffice für die Archivierung von Kontoblättern versetzt zu werden. Dann wird die Fünfergruppe mit einem neuen, hungrigen Private Banker komplettiert, und auf ein Neues.

Für das Keilen von neuen und das Pflegen von bestehenden Kunden verfügen Private Banker über ein Budget. Das können sie für Einladungen, sogenannte Events oder auch den Blumenstrauß für den Geburtstag der gnädigen Frau Gattin eines Kunden verwenden.

Private Banker haben einen hohen Leidensdruck. Denn wer möchte schon ständig überall herumstehen, wo sich die ganz schön Reichen treffen, in Klubs und Klüngeln, an Vernissagen und Premieren, bei Saisoneröffnungen in Monaco, den Hamptons oder in St. Moritz. In Logen, VIP-Zelten oder auf Luxusyachten, bei Champagner-Apéros, Single-Malt-Verkostungen oder beim Cigar-Tasting. Verbindlich plaudernd, mutig zuprostend, zustimmende Geräusche machend und teflonartig alles dumme Gequatsche abperlen lassend, das die meisten Reichen halt so von sich geben. Dabei dürfen sie sich ja nicht anmerken lassen, dass sie eigentlich nur auf den richtigen Moment warten, um die Visitenkarten auszutauschen, um endlich den entscheidenden Satz sagen zu können: «Darf ich mir gestatten, Sie bezüglich der Optimierung Ihrer Anlagen anzurufen?»

Private Banker müssen nichts von Finanzdingen verstehen. Aber ein immenses Wissen über die schönen Dinge des Lebens akkumulieren. Über Luxusuhren, Antiquitäten, Weine, In-Places, 3-Sterne-Köche, Shopping-Adressen, Privatjets, Blackgammon, Maßschneider und sogar bibliophile Erstausgaben.

Dazu noch, aber darüber reden Private Banker nicht gerne, müssen sie einige Adressen der besten Luxus-Callgirls kennen, diskrete Lieferanten von Koks und allen anderen denkbaren Drogen, sie müssen die Sperrung der Kreditkarte der brasilianischen Geliebten oder des mexikanischen Lustknaben genauso diskret wie deren Entsorgung ohne Rabbatz erledigen können, sie müssen als Butler ihrer reichen Kunden auch Unmögliches möglich machen. Nachts um drei einen Bentley mit Chauffeur organisieren, denn es regnet in St. Tropez, und das eigene Personal des reichen Kunden ist gerade indisponiert? Kein Problem. Morgen am Kindergeburtstag soll mal schnell David Copperfield auftreten? Natürlich, was für eine schöne Überraschung. Nelly Furtado hat doch schon für Gaddafi geträllert, die soll das übermorgen auf St. Barts auch für Sie tun? Aber sicher, irgendwelche Favoriten beim Repertoire? Der Private Banker wirft Psychopharmaka ein und macht sich ans Werk.

Denn eigentlich sind Private Banker arme Schweine. Mit denen aber niemand Mitleid hat.

Prognosen, die (Pl.) ▶   Die Lieblingsbeschäftigung von Heeren von → *Analysten*, Chart-Technikern (→ *Chartanalyse)*, Anhängern von Elliot-Wellen oder Freunden des → *Black-Scholes-Modells.*

Sie verstellen mit Formelgebirgen, hochkomplexen mathematischen Gleichungen, Begriffen wie Bollinger-Bänder, dem auf dem Capital-Asset-Pricing-Modell fußenden B-Faktor, anderen Zauberformeln und ellenlangen Algorithmen den Blick auf eine einfache Tatsache: Die Zukunft im Allgemeinen und die Entwicklung eines Börsenkurses im Speziellen ist nicht vorhersehbar.

Was man hingegen machen kann, ist eine nachträgliche Überprüfung der Treffergenauigkeit von Vorhersagen. Eine breit

angelegte Untersuchung der Gewinnprognosen von Unternehmen, erstellt von Heerscharen von Analystenteams der wichtigsten Banken der Welt, hat ergeben, dass die Prognostiker zu drei
Viertel entweder zu hoch oder zu niedrig lagen. Deshalb sind
sie auch regelmäßig entweder «überrascht» oder «enttäuscht»,
wenn heute die Prognose von gestern nicht eintrifft (siehe auch
→ *Analyst*).

Dabei folgt schon aus der Anwendung der banalsten Logik,
dass es sich hier um leider keine brot-, aber völlig sinnlose Kunst
handelt. Denn sie beruht auf der Verwechslung von statistischer
Wahrscheinlichkeit mit exakter Vorhersage. Statistisch gesehen
ist es richtig, dass beim Würfelspiel die Wahrscheinlichkeit, dass
eine Sechs kommt, genau ein Sechstel beträgt. Und bei einer unendlich langen Partie ist das auch so. Aber genauso absurd wie
die Annahme, dass nach fünf Würfen ohne Sechs das nächste
Mal garantiert eine kommt, die Prognose, dass aus der Analyse
einer jahrelangen Entwicklung eines Kurses der morgige Preis
eines Wertpapiers exakt vorhergesagt werden könnte. Der Fi-
nanzmarktforscher Markus Spiwoks bringt es auf den Punkt:
«Analysten geben nur Variationen der Gegenwart und der jüngsten Vergangenheit ab und übertragen das auf die Zukunft. Sie
prognostizieren eigentlich gar nichts.»

Da es auch Leute gibt, die für Liebeshoroskope oder Haar-
wuchsmittel Geld ausgeben, könnte man auch Analysten ihr Honorar für eine völlig wertlose Tätigkeit gönnen. Viel gefährlicher
als andere Wahrsager oder Hersteller nutzloser Wässerchen macht
sie aber eine in ihren Finanzcharts enthaltene Sprengkapsel.

Denn ihre absurden Prognosemodelle werden im computer-
gesteuerten Börsenhandel verwendet, was immer mal wieder zu
Flash-Crashs (→ *Börse)* führt. Oder gleich zur Fast-Kernschmelze

des gesamten Finanzsystems wie im Jahre 2008. Denn alle Prognosemodelle zur Berechnung des Wertes von Finanzvehikeln wie die berüchtigten Immobilien-Derivate *(→ CDO)* gingen davon aus, dass sich die Hauspreise volatil, nach oben oder nach unten bewegen können. Sie beinhalteten jedoch die eben unwahrscheinliche, aber doch eingetretene Entwicklung, dass alle Immobilienwerte gleichzeitig massiv in den Keller gehen, nicht. Im Gegenteil, ganz im Sinne einer sich selbst erfüllenden Prophezeiung verstärkten sie prognostisch die aus der Gegenwart und der jüngsten Vergangenheit geschöpfte «Zukunftsanalyse», dass jahrelang andauernde Preissteigerungen ja nur eine sinnvolle Zukunftsprognose zulassen: Die Preise werden weiter steigen.

Darauf errichteten dann die Investmentbanker ihre Kartenhäuser.

Q **Quellen, die (Pl.)** ▶ Wie kommt eigentlich der Anleger zu Informationen, was er mit seinem Spargroschen machen soll, falls er noch einen hat?

Der freundliche → *Anlageberater* seiner Bank taugt nichts, da der ja nur ihm vorgeschriebene Produkte anbietet, unter besonderer Berücksichtigung der eigenen Kommission. Reichere Anleger haben es da auch nicht leichter, denn Gleiches gilt auch für den → *Private Banker.* Nun, vielleicht hilft ja ein Blick in die Medien, schließlich gibt es eine Unzahl von Fachorganen, in denen völlig unabhängige und qualifizierte Wirtschaftsjournalisten Rat und Hilfe anbieten.

Ein kurzer Blick in die jüngere Geschichte zeigt, dass auch da → *Vertrauen* ein grober Fehler wäre. Der erste Sündenfall war die Dotcom-Blase, ältere Anleger erinnern sich. Wie da absurdeste Internet-Buden, die aus nicht mehr als einer Website und einer völlig durchgebrannten Geschäftsidee bestanden, von fast allen sogenannten Wirtschaftsjournalisten gehypt wurden, leistete einen großen Beitrag dazu, dass Anleger Milliarden verloren. Als einziges Asset zwei pickelige Turnschuhträger in einer Garage in Silicon-Valley, als einziger Leistungsausweis das Verbrennen von jeder Menge Geld? «Wer jetzt im Internet nicht Geld verliert, macht etwas falsch», lautete die absurde Prognose von zukünftigen Gewinnen in einem Schweizer Fachorgan, dessen damaliger Chefredaktor sich heute noch als große Wirtschaftskoryphäe geriert. Die Tatsache, dass damals, von Porno-Websites abgesehen, niemand, restlos niemand im Internet Geld verdiente? Na und? Gerade deswegen muss man investieren, trompeteten die versammelten Schreibkräfte mit ganz großen Buchstaben in die Welt.

Eine ganze Branche verlor ihr Renommee, viele Wirtschafts-titel haben sich bis heute nicht davon erholt. Obwohl die gesamte Journalistenmeute – denn was interessieren mich heute die News von gestern? – mit genau den gleich großen Buchstaben nach dem Platzen der Blasen auf die Scharlatane, Nichtskönner und ihre absurden Geschäftsideen einprügelte.

Der zweite Sündenfall war das Investment Banking, auch jüngere Anleger erinnern sich. Wieso heben die verschnarchten Schweizer Großbanken UBS und CS da nicht eigentlich das Geld auf, das doch auf der Straße liegt? Wieso nehmen sie sich nicht ein Beispiel an Lehman Brothers, Bear Stearns und anderen Erfolgsbanken, die die Zeichen der Zeit schon längst erkannt haben? Spitze Jubelschreie in der Fach- und Publikumspresse, als UBS und CS endlich im großen Zockercasino mitspielten. Und schäumende Entrüstung, als sie sich damit an den Rand des Bankrotts verspekulierten.

Der dritte Sündenfall, alle erinnern sich, war die aktuelle Finanzkrise. Oder hat irgendjemand vor dem Platzen des Hypo-schrottderivategebastels einen, einen einzigen Artikel gelesen, in dem vor diesen finanziellen Massenvernichtungswaffen gewarnt wurde? Richtig, diesen Ausdruck hatte Warren Buffett bereits 2003 in die Runde geworfen. Aber wer ist schon Warren Buffett.

Ein wesentlicher Grund für dieses erratische Verhalten der Masse der Wirtschaftsjournalisten liegt darin, dass die meisten gar keine sind. Schon die Frage nach dem Unterschied zwischen einer Call- und einer Put-Option würde sie über den Rand trei-ben, von der Interpretation einer Bilanz ganz zu schweigen. Man-gels Fachkenntnis entschließen sich die meisten Schreiber zum Rudellaufen. Wenn im «Wall Street Journal» oder der «Financial Times» ein positiver Artikel über spannenden Perspektiven im

Öl-Spotmarkt erschien und von den ersten Kollegen bereits fröhlich kopiert wurde, kann es ja nicht falsch sein, auch die eigenen Leser mit dieser Fachanalyse zu beglücken.

Aber jedes bessere Organ hält sich doch einen Geldonkel, mag nun der verzweifelte Anleger einwenden, der gibt doch kompetent, objektiv und uneigennützig Tipps. Nun ja, selbst wenn das so wäre: Geldonkel rät beispielsweise zum Ankauf von Aktien der Firma Proto-Prix, ein echter Geheimtipp, eine Biotech-Bude, die ganz kurz vor der Einführung eines neuen Wundermedikaments steht. Riesenmarkt, die großen Pharmakonzerne stehen schon Schlange, um den Vertrieb übernehmen zu dürfen. Aber psst, nicht weitersagen. Triumphierend kann dann der Geldonkel, wenn er über mehr als zwei überzeugte Leser verfügt, in seiner nächsten Kolumne vermelden, dass der Kurs von Proto-Prix, wie von ihm angekündigt, einen schönen Sprung nach oben gemacht hat. Dummes Bauernspiel heißt das im Fachjargon.

Dann gibt es die Boom- und Doom-Propheten. Mit eiserner Konsequenz ziehen sie die Prognose durch, dass es demnächst ganz kräftig mit der Wirtschaft, der Konjunktur und den Börsen nach oben geht – oder in den Keller. Wer das länger als zwei, drei Jahre durchhält, landet garantiert einen Treffer.

Etwas geschicktere Propheten verpacken ihre Ansage in einen Abbinder. Hausnummer: «Eines ist sicher: Der Goldpreis steigt, wenn nicht …» Da kann garantiert nichts schiefgehen: Entweder steigt er wie angekündigt, oder es ist «wenn nicht» eingetreten. Leider ist die Ankündigung so sinnvoll wie die Zukunftsprognose im Casino: «Die nächste Kugel am Roulettetisch fällt garantiert auf Rot. Wenn nicht Schwarz kommt. Oder gar Zero.»

Aber wie steht es dann mit der geballten Kompetenz der Kenner und Könner, von → *Analysten*, Black-Belt-Koryphäen,

Finanzwissenschaftlern, Research-Teams? Von Ausnahmen abgesehen, die man an den Fingern einer Hand abzählen kann,
haben die noch nie, kein einziges Mal eine Finanzkrise oder einen
Boommarkt richtig prognostiziert.

Gibt es denn da keine einzige Aussage, keine Analyse, keine
Hilfe? Oh doch, es gibt einen ganz einfachen, ewig gültigen Satz,
der die Hunderttausenden von täglichen Fachartikeln, Outlooks
und Prognosen restlos ersetzen kann: «Kräht der Hahn auf dem
Mist, ändert der Markt oder bleibt, wie er ist.» Reimt sich sogar.

R **Rating-Agentur, die** ▶ Heerscharen von In-
spektoren und unzählige Amtsstellen kontrollieren
unsere Lebensmittel, die Fahrtüchtigkeit von Autos und ver-
hängen Sanktionen bei Verstößen. Ganz anders im Wirtschaftsleben.

Ein Trio infernal kontrolliert den Zugang zu den Finanz-
märkten. Die privaten Rating-Agenturen Moody's, Standard
& Poor's und Fitch bewerten die Wahrscheinlichkeit, dass ein
Gläubiger sein Geld zurückbekommt. Seit sie 1975 von der US-
Börsenaufsicht den Ritterschlag «national anerkannte statistische
Rating-Organisationen» bekamen, beherrschen die drei über 90
Prozent des Bewertungsmarkts. Ihre Ratings entscheiden über
Sein oder Nichtsein von Firmen, Banken und ganzer Staaten. →
Basel II setzte noch einen drauf: Für ein Papier mit dem besten
Rating AAA mit einem Wert von einer Million müssen nur 5600
Euro oder Dollar Eigenkapital hinterlegt werden. Bei einem Ra-
ting von Ba1 sind bereits 200 000 fällig, bei B1 die ganze Million.

Die ganze Finanzwelt begab sich also freiwillig in die Folter-
kammern von drei Prüfern, die lediglich der Maximierung des
eigenen Firmenprofits verpflichtet sind und keinerlei staatlicher
Aufsicht unterstehen. Als ob das nicht absurd genug wäre: Ihre
entscheidenden Prüfstempel werden nicht von den Käufern einer
Anleihe bezahlt, sondern vom Hersteller. Das ist etwa so, wie
wenn die Autoindustrie private Prüfer dafür bezahlen würde, die
Fahrtauglichkeit ihrer Produkte zu testen.

Mit lediglich rund 14 000 Angestellten halten diese Rating-
Agenturen die Weltfinanzen im Würgegriff – ohne die geringste
Konsequenz bei Fehlanalysen befürchten zu müssen. Denn ob-

wohl die Auftraggeber Hunderttausende von Dollar für eine Prüfung zahlen, berufen sich Moody's, Standard & Poor's oder Fitch auf die freie Meinungsäußerung, sollte etwas schiefgehen.

Und das tut es häufig. Schon 2001, beim skandalösen Untergang des Energieriesen Enron, bescheinigten ihm die Rating-Agenturen bis vier Tage vor dem Untergang eine ausgezeichnete Bonität; trotz offensichtlichen Bilanzfälschungen. Die Zocker-Investmentbank Lehman Brothers galt bis zum Tage ihres Bankrotts als gut aufgestellt und kreditwürdig.

Besonders wild trieben es die Rating-Agenturen bei der Bewertung selbst kompliziertester Derviatebasteleien wie Ramsch-Hypothekenpapiere *(→ CDO)*. Wie am Fließband drückten sie diesen Produkten ein AAA drauf, oftmals nach nicht mehr als halbstündiger Prüfung von Hunderten von Seiten Beschreibung. Während die Finanzblase explodierte, senkten sie dann das Rating von 93 Prozent dieser Schrottprodukte von AAA auf Ramsch-Status.

Ein Beispiel von tausenden: das Papier Balta 2006-8 1A2, in dem US-Ramschhypotheken verpackt wurden. Am 10. März 2008 bewertete Moody's Balta mit AAA – so sicher wie ein Sparbuch. Ende August benoteten dieselben Analysten dasselbe Papier 14 Stufen tiefer mit B3: hochspekulativ. Im nächsten Jahr reichte es nur noch für Ca: beinahe Ramsch.

Natürlich wussten die Rating-Agenturen, was sie taten. «Die Produkte könnten von Kühen strukturiert sein, und wir würden sie bewerten», spottete ein Mitarbeiter in einer an die Öffentlichkeit gelangten E-Mail. Statt Hornvieh bastelten aber Investmentbanken diese Wettscheine ohne Wert und setzten sich natürlich vorher mit den Rating-Agenturen ins Einvernehmen, wie das Papier verfasst sein müsse, um ein AAA-Rating zu bekommen. Dabei galt unter Insidern das geflügelte Wort: IBGYBG: «I'll be gone, you'll be gone»; frei übersetzt «nach uns die Sintflut».

Die kam dann auch, und was ist seither geschehen? Nichts. Wenn AKWs trotz Prüfstempeln ständig in die Luft fliegen würden, wenn Lebensmittelvergiftungen ganze Bevölkerungsschichten hinrafften, wenn Autos massenhaft unbremsbar und nicht lenkbar ineinanderkrachen würden: Groß wäre das Geschrei, schnell würden neue und verschärfte Kontrollen Abhilfe schaffen.

Nicht so in der Finanzwirtschaft. Ohne Haftung, ohne Verantwortung, aber für viel Geld äußern die Rating-Agenturen weiterhin ihre freie Meinung. Auch zu altbekannten Risikopapieren wie → *CDOs*. Die heißen inzwischen Re-Remics, bestehen aus nichts anderem als dem aufgeschnürten und neu verpackten alten Inhalt – und werden weiterhin mit AAA bewertet.

Diese Bewertung ist zwar meistens wertlos, aber nicht kostenlos. Die «Prüfung» von strukturierten Finanzprodukten erbringt eine Umsatzrendite von über 80 Prozent. Davon können Wahrsager nur träumen.

Reichtum, der ▶ Lassen wir einmal die ganz großen Zahlen sprechen. Nach seriösen Schätzungen aus nicht systemkritischen Quellen liegen zwischen 15 und 20 Billionen Dollar (gerne auch einmal als Zahl: 15 000 000 000 000) Privatvermögen auf Bank- oder Maklerkonten und in → *Hedgefonds*-Portfolios in Offshore-Oasen; völlig steuerfrei natürlich.

Die Hälfte davon, also mindestens 7,5 Billionen Dollar, gehört rund 90 000 Personen, 0,001 Prozent der Weltbevölkerung. Gelagert, aber nicht verwaltet wird diese obszöne Summe in

Steuerhäfen wie Cayman Island und von den weiteren üblichen Verdächtigen. Geschäften mit diesen Geldern tun aber lediglich 50 Piraten-, nein Privatbanken. Sie zeichnen für das Aufbewahren von rund 11 Billionen Vermögenswerten offshore verantwortlich. Zu diesem illustren Kreis gehören in erster Linie die Bank of America, UBS, Morgan Stanley, Wells Fargo, Credit Suisse, JP Morgan Chase, HSBC, Citigroup oder auch die Deutsche Bank.

Aber natürlich mischen auch Finanzunternehmen wie der Gigant Black Rock mit, der nach der Übernahme der Vermögensverwaltung der Barclays Bank rekordverdächtige 1,9 Billionen Euro verwaltet, darunter allerdings nicht nur Privatvermögen.

Eine letzte Zahl: Gehen wir davon aus, dass die beteiligten Banken für ihre Mühewaltung des Aufbewahrens von 15 Billionen Dollar in Steueroasen lediglich ein halbes Prozent an Extrakommissionen verdienen, zusätzlich zu den normalen Provisionen, versteht sich: Das wären dann 75 000 000 000 Dollar. 75 Milliarden, money for nothing.

Relocation Services, die (Pl.) ▶ Finanzlaien könnten meinen, unter diesem Titel böten Schweizer Großbanken Umzugshilfen an. Also kräftige Kartonschlepper, Verpackungskünstler, Möbelwagen.

Fast richtig. Hinter dem neutralen Namen «Relocation Planning» oder Ähnlichem verbergen sich Abteilungen mit Dutzenden, Hunderten von Mitarbeitern in den verschiedenen Schweizer Großbanken, die für vermögende Kunden ganz besondere Dienstleistungen anbieten, vor allem auf dem Gebiet Verpackungskünstler. Ihrer teilhaftig wird man allerdings erst, wenn man in der angenehmen Situation ist, über ein persönli-

ches Vermögen von mindestens 10, besser 30 Millionen Franken
oder mehr zu verfügen. Und in der unangenehmen Situation,
dass davon ein geldgieriger Fiskus im jeweiligen Heimatland ein
hübsches Scheibchen abschneiden will.

Da schnüren diese Zügelleute gerne «Rundum sorglos»-
Pakete. Konkret umfassen die: Beantragung der Aufenthaltsbe-
willigung, Anmietung oder Kauf einer Wohnung in der Schweiz
inklusive Möblierung, Anmeldung bei den Behörden, Abschluss
einer obligatorischen Krankenversicherung und, als Filetstück
der Bemühungen, die Verhandlungen mit den eidgenössischen
Steuerbehörden. Besonders für nicht in der Schweiz Einkommen
generierende Ausländer gibt es da wunderprächtige Pauschalbe-
steuerungsmöglichkeiten oder die Errichtung von → *Holding*-
Strukturen, die Steuerzahlungen angenehmerweise auf einen
einstelligen Prozentbereich herunterdrücken.

Auch Nachfolgeregelungen, Firmengründungen, Testa-
mente: alles im Paket inbegriffen. Wie heißt es in einem entsprechenden Prospekt so schön: «Wealth Planning steht Ihnen bei
sämtlichen finanziellen, rechtlichen und persönlichen Fragestel-
lungen zur Seite.»

Selbstverständlich gehört auch die Abklärung der steuerli-
chen Situation des potenziellen Neubewohners der Schweiz im
Ausland zum Service, der wird dann gerne von einem «External
Service Provider» erledigt. Denn dummerweise darf eine Schweizer Bank im Ausland, beispielsweise in Deutschland, keine Steu-
erberatung anbieten.

Nun möchten ja viele steuerflüchtige Ausländer gern Wohn-
sitz in der Schweiz nehmen, aber, bei aller Liebe zu Matterhorn
und Schokolade, nicht wirklich in der Eidgenossenschaft leben.
Da bringen Schweizer Gnome gegenüber deutschen Steueropti-

mierern gerne die sogenannte «183-Tage-Regel» ins Spiel. Man dürfe sich bloss nicht länger als maximal die Hälfte des Jahres in Deutschland aufhalten, und schon bleibe der deutsche Fiskus außen vor. Dieser Ratschlag ist allerdings, wie viele andere von Schweizer Bankern auch, völlig falsch.

Das könnte typische Unfähigkeit sein. Das kann aber auch mehr sein. Denn Bankkunden, die ihr Vermögen steueroptimiert in Sicherheit bringen wollen, zahlen ja hübsche Zusatzgebühren und werden auch durch häufige Umschichtungen oder hochriskante Anlagen kräftig geschröpft. Sollten sie dagegen aufbegehren, stellen sie plötzlich fest, dass sie in Geiselhaft ihrer Bank geraten sind. Denn die droht schon mal kühl an, dass man den aufmüpfigen Kunden ja auch bei seiner nationalen Steuerbehörde anzeigen könnte. Und nein, bei Verdacht auf Geldwäsche gilt das Bankkundengeheimnis nicht. Das ist beispielsweise dem deutschen Rentner Peter S. passiert, als der sich darüber erregte, dass im Rahmen seines «Rundum sorglos»-Pakets sein einstmals ansehnliches Vermögen von über 60 Millionen Euro verröstet wurde. Als er sich darüber beschwerte, dass auf seinem Konto nicht nur Leere herrschte, sondern sogar Schulden in Millionenhöhe angelaufen waren, zeigte ihn die UBS Deutschland AG kurzerhand beim deutschen Finanzamt an. Diese Dienstleistung am Kunden ist allerdings in den schönen Hochglanzprospekten nicht erwähnt.

Rente, die ▶ «Die Renten sind sicher.» Wer erinnert sich nicht an den berühmten Ausspruch des deutschen Arbeitsministers Norbert Blüm aus dem Jahre 1986? Verdammt lang her, kann man heute sagen. Und muss hinzufügen: Rente kann man vergessen.

Zunächst hilft ein Blick in die Geschichte, um zu verstehen, warum Renten und Pensionen am Ende sind. Als in Deutschland 1889 das erste Rentensystem eingeführt wurde, lag das Eintrittsalter bei 70 Jahren. Die durchschnittliche Lebenserwartung lag damals bei 44 (Männer) beziehungsweise 48 Jahren (Frauen). Nur 5 Prozent der Bevölkerung schafften es überhaupt bis 70. Heute sind 20 Prozent der Deutschen über 60, und die Rente sollte im Schnitt bis 80 reichen. Das nennt man den demografischen Faktor.

Zudem gibt es zwei Methoden, um die Auszahlung von Renten zu gewährleisten. Umlageverfahren bedeutet, aktuell Mehrwert produzierende Werktätige zahlen die Renten aktueller Pensionäre. Da sich dieses Verhältnis immer mehr der Zahl 1 : 1 annähert, muss bereits heute der Staat Milliarden bezuschussen, damit diese Art von Rente weiterhin ausbezahlt werden kann. Das nennt man: Zahle heute mit Schulden von morgen.

Die zweite Methode heißt Kapitaldeckungsverfahren; der zukünftige Rentner spart also während seiner Erwerbstätigkeit und verbraucht das Kapital plus Zinsen nach seiner Pensionierung. Diese Zinsen heißen Umwandlungssatz. Lag der in der Schweiz bei der Einführung des Pensionskassensystems im Jahr 1985 noch bei 7,2 Prozent, wird er inzwischen Schritt für Schritt auf 6,8 Prozent gesenkt, und selbst deren Erwirtschaftung mit sicheren Anlagen ist bei einer Rendite von 1,7 Prozent auf eine zehnjährige staatliche Bundesobligation illusorisch. Denn wie soll das gehen, dass jemand bei seiner Pensionierung mit einem angesparten Kapital von 100 000 Franken (rund 75 000 Euro) pro Jahr Fr. 7200.– (oder Fr. 6800.–) ausbezahlt bekommt? Realistisch müsste man jedem zukünftigen Rentner mitteilen, dass er pro angespartem Franken höchstens 65 Rappen zurückbekommt, wenn man Inflation und zukünftige Finanzkrisen außer Acht lässt. Das wagt aber niemand klar zu sagen. Ebenso wenig, wie wackelig der Großteil der 750 Milliarden Franken Pensionskapital angelegt ist, da bei einer Schweizer Staatsverschuldung von rund 250 Milliarden Franken die übrigen 500 Milliarden woanders verstaut wurden.

Damit nicht genug. Bereits heute werden Renten im Kapitaldeckungssystem nicht von früher angespartem, sondern aktuell einbezahltem Sparkapital ausbezahlt. Das nennt man Schneeballsystem.

Ungarn ist noch einen Schritt weitergegangen. Handstreichartig hat das bis über die Ohren verschuldete Land im Dezember 2010 einen großen Teil des Pensionskassenkapitals verstaatlicht. Das nennt man: auf Nimmerwiedersehen.

Ist immer noch jemand überzeugt, dass die Renten sicher sind? Nun, vielleicht hilft eine letzte Zahl gegen diesen Irrglauben. Die meisten Industriestaaten ächzen unter einer Verschuldung der öffentlichen Hand, verursacht durch die Finanzkrise, die das Bruttosozialprodukt eines Jahres erreicht oder übertrifft. Also unbezahlbar ist. Zählt man die staatlichen Rentenversprechen und weitere Sozialleistungen zusammen, sprechen wir von einem Verschuldungsfaktor vom bis zum Siebenfachen des Bruttosozialprodukts. Das nennt man unbezahlbar, weil dieses Adjektiv nicht steigerbar ist.

Reputationsmanagement, das ▶ Den guten Ruf oder in Asien das Gesicht zu verlieren kann unangenehm sein. Ein Unternehmen mit guter Reputation gilt als glaubwürdig, ihm kann Vertrauen entgegengebracht werden.

In der Finanzwelt hat Reputation eine zentrale Bedeutung, denn dieser Wert ist die Grundlage jedes Geschäfts. Vertrauen,

Tradition, Reputation, keine anderen Wörter verwenden Banker häufiger. Da Banker aber Zahlenmenschen sind und Werte nur in Zahlen messen können, ist für sie Reputation eigentlich wertlos. Deshalb sprechen sie intern auch nicht vom guten Ruf, sondern von Reputationsmanagement.

Hier geht es um die Bemessung eines Reputationsrisikos, also eine Risiko-Profit-Abwägung. Eine Bank möchte zum Beispiel gewinnorientiert, aber unethisch und potenziell rufschädigend handeln, indem sie unbedarften Anlegern Schrottpapiere aufschwatzt, an denen sie aber eine nette Extrakommission verdient. Dadurch, so weit können Banken in die Zukunft sehen, würde sie aber einen Schaden an ihrer Reputation erleiden. Dieser wird quantifiziert (ja, auch dafür gibt es Algorithmen), die Kosten nötiger Gegenmaßnahmen (gekaufte positive PR, humanitäre Spende, Unterstützung einer Watchdog-NGO, freiwillige Schadenersatzzahlungen) werden berechnet. Diese werden vom Profit des reputationsschädigenden Geschäfts abgezogen. Bleibt unter dem Strich eine schwarze Zahl, wird das Geschäft gemacht.

Nicht nur größere Banken beschäftigen ganze Abteilungen, die sich mit der Formulierung von Codes of Ethics, Codes of Conduct, mit Corporate Governance, Corporate Social Responsibility, Corporate Citizenship, Responsible Care, Sustainable Management, Stewardship oder Stakeholder-Management, Unternehmensethik, dem Organisieren von Symposien, Seminarien, Weiterbildungskursen, Medienveranstaltungen und Schulungsvideos beschäftigen.

Jeder Mitarbeiter einer Bank weiß hingegen, dass seine Leistung lediglich am Umsatz und am Profit gemessen wird, wovon unter Umständen die Kosten für die Reparatur eines Reputationsschadens abgezogen werden. Sollte da am Schluss eine rote

Zahl stehen, muss sich der Banker immer noch keine Sorgen um seine Reputation machen. Aber um seine Stelle.

Retrozession, die ▶ Kommissionen, Kick-backs, Bearbeitungsgebühren, Courtagen, Finder's Fees und Retrozessionen. So heißen einige der zahllosen Bereicherungsmöglichkeiten von Bankern. Hier ist eine ganze Begriffsfauna entwickelt worden, vergleichbar mit dem Meer von Worthülsen, das für → *Derivate* erfunden wurde.

Beginnen wir unseren Ausflug in die Niederungen der Bankgeschäfte mit einer kurzen Begriffsdefinition: Eine Retrozession ist eine Provision, ein Entgelt, das ein Produkteanbieter an die Vertriebsstelle seines Produkts bezahlt.

Konkret: Ich als Ihr Kundenberater der Bank «Geiz & Gier» verkaufe Ihnen einen «Total Return Fonds in Schweizer Obligationen» der Pleite-Bank Lehman Brothers und schwärme Ihnen etwas von «100 Prozent Kapitalschutz» und «Bankgarantie» vor. Für meine Bemühungen, Ihr Geld in den Sand zu setzen, bekomme ich vom Emittenten, also von der Ausgabebank Lehman, eine Retrozession, eine Vergütung dafür, dass ich Ihnen das Lehman-Produkt verkauft habe.

Wir wären natürlich nicht im Banking, wenn es unter dem Oberbegriff «Retrozession» nicht eine ganze Herde von Unterbegriffen gäbe, ein knapper Überblick:

- Courtage: Für jede Wertschriftentransaktion wie den Kauf oder Verkauf von Aktien erhält der Vermögensverwalter einen Teil der dem Kunden verrechneten Gebühr als Umsatzbeteiligung. Von der Depotführungsgebühr, also dem Grundbetrag, den jeder Depotkunde zahlen muss, erhält der Depotverwalter die Differenz zwischen dem, was dem

Kunden offiziell in Rechnung gestellt wird, und dem Betrag, den der Depotverwalter hinter den Kulissen mit der depotführenden Bank vereinbart hat.

- Bestandesretrozession: Etwa die Hälfte der Verwaltungsgebühr für den Einsatz ihrer Produkte werden von Produktanbietern an den Vertreiber, also an den Bankberater, ausbezahlt.

- Ausgabeaufschlag: Beim Kauf eines Investmentsfonds muss üblicherweise ein solcher bezahlt werden, der landet vollständig in der Kasse des Vermittlers.

- Finder's Fee: Und schließlich gibt es noch diesen, und er ist auch nicht zu verachten, den Finderlohn, wenn ein Vermögensverwalter einen neuen Kunden zu seiner Bank schleppt. Wenn man weiß, dass eine handelsübliche Vorgabe für Private Banker in der Schweiz ist, pro Jahr 40 Millionen Neukundengelder zu akquirieren, und man den Finderlohn bei bescheidenen 0,5 Prozent ansetzt, dann spült bereits das hübsche 200 000 Franken in die Privatschatulle des Privat Bankers – pro Jahr. Und nebenbei: Tätigt ein Vermögensverwalter für den Kunden Devisengeschäfte, sind seine Konditionen meistens besser als die eines Privatkunden. Gibt er diesen Vorteil nicht weiter, landet die Differenz in der Kasse des Beraters.

Ist das legitim? Natürlich nicht. Ist das legal? Natürlich nicht. Die obersten Richter des Schweizer Bundesgerichts in Lausanne haben in einem Urteil vom März 2006 unmissverständlich festgehalten, dass Finanzintermediäre, also auch Banken, dazu verpflichtet sind, ihren Kunden gegenüber alle Formen von Provisionen auszuweisen und allenfalls auch weiterzugeben.

Gleichzeitig hält das Bundesgericht fest, dass 81 Prozent aller Vermögensverwaltungen Retrozessionen nicht an ihre Kunden weiterleiten und 28,5 Prozent ihrer Einnahmen aus ebendiesen Retrozessionen bestehen.

Ist das ein Problem für die Banker? Natürlich nicht. Die Schweizer Bankiervereinigung versucht sich in Sophisterei: «Im Produktevertrieb erbringt eine Bank verschiedene Dienstleistungen für den Produkteanbieter, die sie sich abgelten lassen. Das sind keine Retrozessionen. Verkauft sie dem Kunden eigene Produkte oder Produkte aus dem Eigenbestand, kann ebenfalls nicht von Retrozessionen gesprochen werden.» Es ist der gute alte Trick aus dem Nähkästchen der Rabulistik: Watschelt zwar wie eine Ente, schnattert wie eine Ente, sieht aus wie eine Ente, legt sogar Enteneier, ist aber keine Ente.

Auf die Nachfrage des damaligen Schweizer Preisüberwachers, wie man es nun mit der Umsetzung des Bundesgerichtsurteils halte, teilte die Credit Suisse mit: «Die Bank ist weder ablieferungs- noch rechenschaftspflichtig.» Das ist pure Arroganz der Macht, aber auch nicht schlecht. Das bedeutet nämlich: Pfeif dir eins und klage uns doch noch mal ein, wenn dir das nicht passt. Ein paar Jahre und ein paar Zehntausend Franken an Anwaltsgebühren später sehen wir uns dann allenfalls vor dem Bundesgericht wieder.

Zur Sicherheit steht in den meisten Kundenverträgen im Kleingedruckten dann noch folgender Satz: «Die Bank Geiz & Gier ist berechtigt, Rückvergütungen von Depotbanken oder Fondsgesellschaften im Zusammenhang mit den bei diesen deponierten und von der Bank Geiz & Gier verwalteten Vermögen sowie Vergütungen für die Leistungen der Bank Geiz & Gier, welche Leistungen dieser Institute ersetzen oder ergänzen, entgegenzunehmen und einzubehalten.» Und als Sahnehäubchen: «Der Kunde verzichtet heute und in Zukunft auf eine individuelle Rechenschaftsablage.» Für juristische Laien übersetzt: Lieber Kunde, hiermit erklärst du dich damit einverstanden, dass wir alle Formen von Retrozessionen weiterhin einkassieren und dir gegenüber nicht ausweisen müssen.

Einen weiteren Standardsatz haben die meisten Banken zusätzlich im Repertoire, wenn ein aufgeweckter Kunde doch tatsächlich von diesem Bundesgerichtsurteil gehört haben sollte: «Das Bundesgerichtsurteil trifft auf Ihren Fall nicht zu.» Da lacht der Banker, und der Kunde macht die Faust in der Tasche.

Im Gegensatz zum EU-Raum und unter Ignorierung eines klaren Bundesgerichtsurteils foutieren sich die meisten Schweizer Banken bis heute um das Offenlegen oder gar Weitergeben von Retrozessionen, Kick-backs und anderer Formen der klammheimlichen Bereicherung auf Kosten des Kunden. Es handelt sich da um einen Betrag von schätzungsweise zwei Milliarden Franken im Jahr, also eigentlich Peanuts, ein Trinkgeld für Banker. Aber man wäre ja nicht Banker geworden, wenn es einem nicht ums Geld ginge, vornehmlich ums eigene.

Risiko, das ▶ Risiko beschreibt die Gefahr, dass etwas nicht so herauskommt, wie es geplant oder gewünscht war. Das Überqueren einer Straße birgt genauso Risiken wie das Betreiben eines AKW. Von Geldgeschäften ganz zu schweigen.

Die bedeutendsten Triebkräfte bei Finanztransaktionen sind bekanntlich Gier und Angst. «Gier ist gut», das wusste nicht nur Gordon Gekko im Film «Wall Street». Angst ist schlecht, das weiß jeder Anlageberater und Bankkundenbetreuer.

Gier lässt sich mit einer schier unerschöpflichen Menge von

angenehm nach Geld riechenden Begriffen stimulieren: Profit, Rendite, Ertragswinkel, Potenzial, Chance, Geheimtipp, Partizipation, neuer Markt, alter Markt, Verdienstspanne, Erlös, Dividende, verborgener Wert, Trend, Mitnahme, total absolut, super, abschöpfen, realisieren, antizipieren usw.

Der Begriff «Risiko» löst aber sehr schnell den unangenehmen Geruch nach in der Luft hängender Angst aus. Deshalb würden Anlageberater am liebsten ganz auf dieses Schreckwort verzichten und stattdessen von «ertragsorientiert», «renditeaffin», «vermögensbildend» oder «gewinnorientiert» sprechen und das Risiko bei Geldanlagen am liebsten in den schönen Satz fassen: Die potenzielle Möglichkeit einer zeitlich limitierten negativen Rendite ist verschwindend gering, lässt sich aber nicht ganz ausschließen.

Nun leben auch Anlageberater nicht in der für sie besten aller Welten, daher kommen sie nicht darum herum, ihren Kunden eine Risikoaufklärung angedeihen zu lassen, das ist bedauerlicherweise Vorschrift. Eine ehrliche Variante wäre: «Ich verstehe eigentlich von diesem Anlagevehikel, das ich Ihnen gerade aufschwatzen möchte, nicht mehr, als dass ich damit eine nette Kommission verdiene, die übrigens unabhängig davon ausbezahlt wird, ob Sie damit in den nächsten zwei Tagen einen Totalschaden erleiden oder nicht. Dieses Risiko ist übrigens vorhanden und nicht gerade klein. Lesen Sie doch nur mal die Risikoaufklärung im Kleingedruckten des Anlageprospekts; die Anschaffung einer Lupe und das Honorar für einen Könner, der das für Sie auch noch auf Deutsch übersetzt, sind übrigens lohnende Investitionen. Und versichern Sie sich auch gleich der Unterstützung eines auf Haftungsrecht spezialisierten Anwalts, der auch keine Angst haben darf, sich mit einem mächtigen Finanzhaus anzulegen. Dafür sollten Sie am besten eine Kriegskasse bereitstellen, die ungefähr so viel Geld enthält, wie Sie gerade hier ins Feuer stellen wollen. Das brauchen Sie, wenn Ihre Investition verbrannt ist und Sie den Marsch durch die Instanzen antreten müssen.»

So geht das aber auch nicht, da würde die Angst sofort jede Gier besiegen. Noch schlimmer wäre die einfache Wahrheit: Jede Anlage, selbst in Staatspapiere, in Gold, in ein Sparbuch enthält ein Risiko, bis hin zum Totalschaden.

Selbst die Flucht in Vergleiche hilft nicht immer: «Auch ein AKW hat ja ein Restrisiko. Das ist aber beherrschbar, und die Vorteile überwiegen.» So eine Argumentationslinie wäre vor Japan vielleicht noch durchgegangen. Seither hilft einzig eine glatte Lüge: «Ich als seriöser Anlageberater habe unter Befolgung klarer Richtlinien den Investor ausführlich über alle Risiken aufgeklärt, zudem hat er mir schriftlich bestätigt, dass er den Anlageprospekt aufmerksam von vorne bis hinten gelesen und verstanden hat.» Falls da alle Stricke reißen und sich der Spargroschen in Luft aufgelöst hat, steht wie ein Bollwerk der einfache Satz: «Beweise mal das Gegenteil, lieber Kunde.»

S **Schulden, die (Pl.)** ▶ Verbindlichkeiten sind ein gar merkwürdiges Ding, das schnell vom leicht Verständlichen ins Dunkel-Mysteriöse abgleitet. Hans leiht sich von Franz 100 Mäuse. Franz zieht den erarbeiteten Geldschein aus dem Portemonnaie, weil er Hans glaubt, dass der ihm in sechs Monaten den Hunderter zurückgibt und noch fünf obendrauf. Hans braucht das Geld, um sich einen besseren Hobel kaufen zu können, mit dem er die Produktivität seiner Schreinerei steigert, was ihn in die Lage versetzt, mit dem zusätzlichen Gewinn seine Schuld zu begleichen und die Zinsen obendrauf. Leicht verständlich: Investiertes, reales Kapital ermöglicht mehr Gewinn, das garantiert die Rückzahlung.

In den USA beispielsweise werden für eine Steigerung des Bruttosozialprodukts um einen einzigen Dollar im Schnitt 8 Dollar Schulden aufgenommen. Gleichzeitig ist der US-Staat ungefähr in der Höhe des Bruttosozialprodukts (BSP) verschuldet, von anderen Finanzquellen ganz zu schweigen. Deshalb wird hier nicht reales, sondern → *virtuelles Geld* als Schulden aufgenommen. Ob das zuerst noch gedruckt oder direkt mit einem Klick am Computer erschaffen wird, spielt dabei keine Rolle.

Schuldenmachen bedeutet ja immer, sich Zeit zu kaufen. Der Preis der Zeit sind die Zinsen, die Verwendung des geliehenen Geldes zur Gewinnsteigerung ist der Motor der Übereinkunft zwischen Gläubiger und Schuldner.

Kleine Preisfrage: Wie soll dieses Modell bei einem Faktor acht funktionieren? Mal abgesehen von der Regelung durch eine galoppierende Inflation oder der grundsätzlichen Annahme, dass Zeit ja unendlich ist.

Das gar nicht kleine Wort «unendlich» sprengt auch sämtliche Berechnungen zukünftiger Entwicklungen. Zur drängenden Frage, wie Staaten weltweit eigentlich ihre Schulden zurückzahlen wollen, hebt die sogenannte Finanzwissenschaft mit dem Satz an: «Die fiskalische Lücke wird berechnet, indem man – vor einem unendlichen Zeithorizont – den gegenwärtigen Wert aller künftigen Ausgaben von dem gegenwärtigen Wert aller künftigen Steuereinnahmen subtrahiert.»

Das hört sich irgendwie gut und wissenschaftlich an, ist aber in Wirklichkeit reiner Unsinn. Jeder, der sich mit den heutigen Ausgaben und den heutigen Steuereinnahmen eines beliebigen Staates eine Excel-Tabelle basteln kann, wird feststellen, dass bereits geringste Veränderungen sehr weit rechts hinter dem Komma auf der Einnahme- oder Ausgabeseite zu ungeheuerlichen Veränderungen des Resultats führen.

Je nachdem, in welche Richtung man schraubt, lässt sich so der baldige Staatsbankrott oder die problemlose und vollständige Rückzahlung aller Staatsschulden «belegen». Ganz abgesehen davon, dass, gar bei einem unendlichen Zeithorizont, unvorhersehbare Ereignisse alle diese Prognosen obsolet machen. In sämtlichen pseudowissenschaftlichen Berechnungen vor der Atomkatastrophe in Japan war diese logischerweise nicht enthalten, daher können sie allesamt in den Papierkorb entsorgt werden. Und bei allen heutigen Prognosen sind logischerweise zukünftige, nicht vorhersehbare Ereignisse nicht enthalten.

Dennoch werden weiterhin munter alle Berechnungen, wie es denn mit der Staatsverschuldung weitergehe, genau so angestellt. Dagegen ist die Wahrsagerei eines Voodoo-Priesters, der aus der Verteilung der Blutspritzer beim Schlachten eines Huhns die Zukunft prognostiziert, eine streng wissenschaftliche Vorgehensweise.

Aber es gibt auch noch lustigere Methoden, wie man sich Schulden entledigen kann. Denn es gibt Neuigkeiten aus der US-Immobilienblase, die ja am Anfang der aktuellen Finanzkrise stand. Unter Führung der Bank of America bieten die größten Besitzer von Hypotheken allen 4,8 Millionen Hausbesitzern, die mehr als 90 Tage in Verzug mit ihren Zinszahlungen sind, an, dass sie 21 000 Dollar bekommen – wenn sie nur ihr Haus verlassen. 1000 Dollar sind für eine professionelle «finanzielle Beratung» reserviert, 20 000 gibt es bar auf die Hand, wenn das Haus in akzeptablem Zustand hinterlassen wird. «Cash for keys» heißt dieses wunderliche Angebot. Ein Haus kaufen, es bewohnen, die Zinsen nicht zahlen können und erst noch Geld obendrauf kriegen, wenn man nur auszieht, das ist endlich einmal Sozialismus für die Armen.

Spekulation, die ▶ Die Absicht, durch zukünftige Preisveränderungen einen Gewinn zu erzielen, tut Gutes. Ein Terminkontrakt zum Beispiel garantiert dem Bauern einen festen Abnahmepreis für sein Produkt, schon bevor er gesät und geerntet hat. Der Spekulant übernimmt das Risiko, dass der Verkaufserlös in einigen Monaten niedriger sein kann als der von ihm bezahlte Preis, und verschafft zudem dem Produzenten falls nötig das Kapital, mit dem er Saatgut, Dünger und Ernte vorfinanzieren kann. Das tut der Spekulant natürlich in der Annahme, dass der Preis bis zum Verkauf seines Kontrakts steigen wird.

Etwas kniffliger wird es dadurch, dass zukünftige Erwartungen einen Rückkoppelungseffekt auf die Gegenwart haben.

Wenn heute ein Barrel Öl 100 Dollar kostet, aber immer mehr Terminkontrakte im Umlauf sind, die auf 120 Dollars, zahlbar in drei Monaten, lauten, viele Spekulanten also davon ausgehen, dass der Ölpreis steigen wird, beeinflusst das natürlich auch den aktuellen Preis, ohne dass das eine Veränderung von Angebot und Nachfrage als Basis hätte. 2008 beispielsweise stieg der Ölpreis ziemlich schnell von 60 auf 147 Dollar, bei stabilem Angebot und wegen der Finanzkrise sinkender Nachfrage. Und fiel dann 2009 wieder auf 50 Dollar.

Bei solchen Bewegungen spricht man von einer Spekulationsblase. Dafür braucht es zwei Voraussetzungen: liquides Kapital und Irrationalität. Seit dem Platzen der Tulpenzwiebelspekulation in Holland im Jahr 1637 kommt hier das «Greater Fool»-Syndrom zum Tragen. Ein mit einer Narrenkappe ausgestatteter naiver Gesell, der darauf wettet, dass der bereits absurd hohe Preis einer Ware weiter steigen wird, braucht einen mit noch größerer Narrenkappe, der ihm seine → *Option* abkauft. Das Gleiche gilt auch bei Spekulationen auf fallende Preise, allerdings erreichen die ja bei null den absoluten Endpunkt, während Preissteigerungen nach oben kein Limit haben.

Genau dieses Phänomen steht auch hinter der jüngsten Finanzkrise, als die meisten Bankernarren annahmen, dass der Wert einer Immobilie stetig und unbegrenzt nur steigen kann. Allerdings waren die meisten nicht närrisch, aber kriminell genug, diese absurde Annahme zu verpacken, zu verwursten und sich lediglich daran persönlich zu bereichern. Sie verdienten also nicht mehr an den Tulpenzwiebeln, sondern an der Kiste, in der sie gehackt geliefert wurden. Ingeniös.

Eine Runde schärfer werden Spekulationen, wenn sie mit → *Hebeln* verstärkt werden. Ein Paradebeispiel ist die von der

Spekulanten-Legende George Soros 1992 herbeigeführte Pfund-krise. Mit einem Leerverkauf von heute lächerlich wirkenden 15 Milliarden Pfund brachte der von Soros gemanagte Quantum-Fonds die englische Währung ins Strauchein, Aufkäufe und Zinserhöhungen brachten nichts, die britische Währung wurde abgewertet. Nun konnte Soros die geliehenen 15 Milliarden ent-sprechend billiger aufkaufen und den Gläubigern zurückgeben. Sein Reibach in zwei Monaten: geschätzte 1 Milliarde englische Pfund, nach Abzug aller Unkosten.

Nun ist es Spekulantenschicksal, dass Wetten auf die Zu-kunft funktionieren können – oder auch nicht. Paradebeispiel dafür ist der Hedgefonds Long Term Capital Management (→ *LTCM)*. Der war bestückt mit Nobelpreisträgern wie Myron Samuel Scholes (→ *Black-Scholes-Modell)* und Börsengurus wie John Meriwether. Am Schluss standen einem Kapital von 2,1 Mil-liarden Dollar Verbindlichkeiten in der Höhe von 124 Milliarden Dollar gegenüber. An der fälligen Rettungsaktion beteiligten sich die US-Notenbank FED unter Alan Greenspan, Banken wie Lehman Brothers, Bear Staerns oder Morgan Stanley. Ja, genau die Pleitebanken der Finanzkrise von 2008 und der bei diesem Bankraub Schmiere stehende Greenspan. Aber LTCM krachte 1998 zusammen, und welcher Banker hat schon so ein Langzeit-gedächtnis?

Staatsbankrott, der ▶   Es herrscht das weitverbreitete Vor-urteil, dass moderne Industriestaaten, im Gegensatz zu Ent-wicklungsländern im fernen Afrika, Lateinamerika oder Asien, nicht bankrottgehen können. Falsch.

Griechenland, das so sicher in den Staatsbankrott segeln wird wie die Akropolis vor sich hinbröckelt, war seit seiner Neugeburt als moderner Staat im Jahre 1830 fast ebenso häufig pleite wie nicht. Unglaublicherweise wird auch übersehen, dass nur eine radikale Minderheit der europäischen Staaten in den letzten 200 Jahren niemals Bankrott erklärte.

Wenn wir alleine die wichtigsten europäischen Staaten daraufhin untersuchen, wie häufig und wie lange sie seit 1800, beziehungsweise seit dem Jahr ihrer Unabhängigkeit, pleite waren, Zahlungsausfälle oder Umschuldungen zu verzeichnen hatten, kommen wir aufgrund der Analysen von Kenneth S. Rogoff zu beeindruckenden Ergebnissen. Lediglich Belgien, Dänemark, Großbritannien sowie die skandinavischen Staaten Finnland, Norwegen und Schweden haben eine makellose Bilanz. Europäischer Rekordhalter ist wie erwähnt Griechenland mit insgesamt 5 Zahlungsausfällen, die den Staat in mehr als der Hälfte seiner Existenz begleiteten. Dann folgt Spanien mit 13 insgesamt kürzeren Schuldenkrisen, Frankreich und Deutschland mit je 8, Österreich und Ungarn mit je 7. Mit anderen Worten, eine staatliche Schuldenkrise ist in Europa nicht die Ausnahme, sondern die Regel.

Aber nicht nur in Europa. Wenn wir die 66 wichtigsten Staaten nehmen, die zusammen seit 1800 oder seit ihrer Unabhängigkeit mehr als 90 Prozent des Weltbruttosozialprodukts herstellen, dann gesellen sich zu der kurzen Liste von Staaten, die seither noch niemals Bankrott erklärten, lediglich Kanada, Neuseeland, Australien und die USA. Sowie, heil dir, Helvetia, die Schweiz.

Nun muss sich ein Ereignis nicht unbedingt deswegen wiederholen, weil es in der Vergangenheit schon häufig eingetreten ist. Genauso wenig, wie ein Stein immer nach unten fallen muss, wenn man ihn loslässt. Aber wenn man die verschwindend kleine Möglichkeit außer Acht lässt, dass eine zufällige Bewegung aller seiner Moleküle in die gleiche Richtung auch dazu führen kann, dass der Stein für einen Moment in der Luft schwebt, dann ist das physikalische Gesetz der Anziehungskraft sicherlich in seiner Anwendung sinnvoll.

Genauso verhält es sich mit dem Gesetz des Staatsbankrotts. Auch hier führen gleiche Ursachen zu gleichen Wirkungen. Eine ins Absurde gesteigerte Staatsverschuldung, die in einigen Industrieländern bereits dem Mehrfachen des jährlichen Bruttosozialprodukts entspricht, begleitet von einer lahmenden Konjunktur, einer Überalterung der Gesellschaft, einer maroden Infrastruktur und unbezahlbaren staatlichen Sozialleistungen muss zum nächsten Staatsbankrott führen.

Denn → *Schulden*, natürlich auch Staatsschulden, sind ja nichts anderes als gekaufte Zeit. Schulden beruhen darauf, dass Schuldner und Gläubiger die gemeinsame Hoffnung haben, dass der Schuldner in Zukunft in der Lage sein wird, das ihm geliehene Kapital plus Zinsen zurückzuzahlen. Bei den → *Zinsen* haben sich die wichtigsten Staaten Luft verschafft, indem sie → *Geld* zum einzigen Rohstoff gemacht haben, der gratis erhältlich ist. Das verlängert aber lediglich die Agonie und wendet den Staatsbankrott keinesfalls ab. Dass er eintreten wird, und zwar gehäuft, ist klar. Wann genau, das ist die große Preisfrage.

Staatsschuldpapiere; die (Pl.) ▶ Wenn alle Stricke reißen oder Finanzblasen platzen oder sonst ein angeblich unvorhersehbares Ereignis eintritt, gelten Staatsschuldpapiere als sicherer Fels in der Brandung von Panikwellen.

Banken können solche Papiere zum Beispiel bei der Europäischen Zentralbank (EZB) als Sicherheit hinterlegen, um frisches Geld zu bekommen. Es versteht sich dabei von selbst, dass die EZB nicht selbst solche Staatsschuldpapiere aufkauft, denn dann würde sich ja die Schlange in den Schwanz beißen. Und es versteht sich von selbst, dass diese Staatsschulden über ein ausgezeichnetes → *Rating* verfügen, denn Staaten sind ja eigentlich unsinkbar, können nicht in den Bankrott gehen.

Soweit die Theorie der modernen Finanzwissenschaften. Was passiert aber, wenn in der Realität die Bewertung von griechischen Staatsschulden auf BBB– (eine Stufe vor Ramschstatus) herabgesetzt wird? Theoretisch dürften dann Banken solche Papiere nicht mehr als Sicherheiten hinterlegen, und Griechenland wäre abgebrannt. Viel schlimmer noch, die Banken würden wieder einmal wanken, weil sie griechischen Staatsschrott in ihren Büchern niedriger bewerten müssten, bei vielen europäischen Großbanken wäre das Eigenkapital negativ (→ *Eigenkapitalquote).* Die Folgen: Bücher deponieren, Bankrott, Weltuntergang oder neuerliche Staatsgarantien. Also begeht die EZB zwei Todsünden, die für eine Notenbank eigentlich streng verboten sind: Sie senkt die Rating-Grenze, unter der Staatspapiere nicht mehr als Sicherheit angenommen werden dürfen, auf BBB–. So ein Zufall aber auch. Und sie kauft selber griechische Staatsschulden auf, verkleidet im Euphemismus «Rettungsschirm». Inzwischen wurden griechische Staatspapiere von Moody's nochmals um drei Stufen abgewertet, auf B1 («hochspekulative Anlage»). Griechenland tobt, europäische Banken sehen dem nächsten → *Stresstest* mit durchaus gemischten Gefühlen entgegen.

Wo soll das alles enden? Ganz einfach: Es ist eine Verschiebung des Untergangs des Euro-Systems von heute auf morgen. Denn das Ende der griechischen Tragödie ist so determiniert, als wäre es ein Stück von Aischylos: Niemals wird Griechenland seine Schulden zurückzahlen können. Und der Chor der Steuerzahler im übrigen Euroland wird in Wehklagen ausbrechen. Schuldlos zum Schuldner geworden.

Steuerhinterziehung, die ▶ Weltweit – die Schätzungen gehen naturgemäß weit auseinander – gehen den Staaten mindestens zwei Billionen Euro durch Steuerhinterziehung verloren, in Deutschland sind es rund 100 Milliarden Euro. Pro Jahr. Alleine in Steueroasen und Offshore-Zentren dürften über 7 Billionen Dollar Privatvermögen gelagert sein, größtenteils genau aus diesem Grund.

Aber: Das famose Schweizer Bankgeheimnis ist geschleift. Mit der Brechstange, drakonischen Strafen und selbst dem Ankauf von Kundendaten-CDs versuchen die Steuerbehörden weltweit, Schwarzgeldern habhaft zu werden. Also hat Steuerhinterziehung als Geschäftsmodell ausgedient?

Ach was. Hier ein paar praktische Tipps für angehende Steuerhinterzieher: Mindestens eine Million sollte es schon sein, in Euro, Dollar oder Schweizerfranken. Bitte in bar und ohne dass die Gattin oder der Lebensgefährte etwas davon weiß. Denn unvorsichtige Kontenbewegungen hinterlassen vorher Spuren, und Emotionen und Bindungen sind flüchtig. Vertrauen Sie Ihr Anliegen, wie man diese Mio steuerneutral und sicher verstauen kann, ja nicht einem Banker an. Der weist Ihnen bei einem solchen Betrag die Tür oder verweist Sie an einen unabhängigen Vermögensverwalter, der sich zusammen mit dem Banker schon mal ein hübsches Scheibchen Kommission von Ihrem sauer hinterzogenen Vermögen abschneidet. Gründen Sie stattdessen einen → *Trust* in Singapur, der über eine → *Holding* auf Guernsey Island eine Aktiengesellschaft in → *Panama* kontrolliert. Das kostet alles in allem rund 2000 Dollar; Peanuts. Nun muss das

Bargeld nur noch sicher auf einem Konto der AG in Panama landen.

Anfänger würden mit einem Koffer voll Geld in den Flieger steigen. Könner benutzen für die Transferierung → *Hawala,* diskret, seriös und erst noch kostengünstig, steigen mit normalem Feriengepäck in den Flieger, holen sich das Geld in Panama City beim zuständigen Hawaladar ab und deponieren es auf einem Konto, das der AG gehört. Bingo, jetzt kann die Million problemlos und gewinnbringend in den Wirtschaftskreislauf investiert werden. Selbstverständlich nur außerhalb Panamas, dann fallen auch dort keine Steuern an.

Falls neues Schwarzgeld anfällt, kann dieser Vorgang beliebig oft wiederholt werden. Ach, und das ist natürlich nur eine von vielen Methoden, einen bescheidenen Beitrag zum weltweiten Steuerbeschiss zu leisten.

Bei größeren Beträgen, wie sie bei kriminellen Betätigungen wie Drogen- oder Waffenhandel, Prostitution, Schutzgelderpressung, Schmuggel, Menschenhandel oder Sklavenarbeit anfallen, sieht das etwas anders aus. Immerhin sprechen wir von einer Industrie, deren Umsatz auf jährlich 6 Billionen Dollar geschätzt wird und damit rund 10 Prozent des Weltbruttosozialprodukts ausmacht. Keine Bank der Welt weist einem Kunden die Türe, der gerne mal 100 Millionen einzahlen will, monatlich, versteht sich. Allerdings verlangen die meisten Banken da eine «Bearbeitungsgebühr» von mindestens 30 Prozent. Deshalb empfiehlt sich in einem solchen Fall gleich die Gründung einer Bank. Das ist vielleicht etwas aufwendiger, sollte dafür aber zentral gelegen sein, in London oder in einer stabilen Diktatur wie Singapur.

Stresstest, der ▶ Die Angst geht um in Europa. Könnte es sein, dass mit Steuermilliarden gerettete Banken wie RBS oder UBS oder mit lediglich impliziten Staatsgarantien über Wasser gehaltene Bankinstitute wie die Deutsche Bank oder die Credit Suisse weiterhin marode sind? Könnte es sein, dass ihnen allen beim nächsten Sturm einer Finanzkrise das Dach wegfliegt?

Eine berechtigte Frage. Zum zweiten Mal will die Europäische Bankenaufsicht (EBA) darauf mit einem sogenannten Stresstest Antworten geben. Im Jahre 2010 wurden zum ersten Mal 91 europäische Banken überprüft, was zu allgemeinem Aufatmen führte. Nur 7 fielen durch, darunter die üblichen Verdächtigen: 5 spanische Sparkassen, eine Bank aus Griechenland und die deutsche Hypo Real Estate, obwohl die mit 180 Steuermilliarden gestützt worden war.

Drei Szenarien werden bei diesem Stresstest durchgespielt, darunter eines, worin die Risikoaufschläge für Papiere aus Krisenstaaten deutlich ansteigen, während gleichzeitig deren Wert abnimmt. Das könnte also im Jahr 2011 besonders interessant werden, nachdem das → *Rating* für griechische Schulden von Moody's (→ *Rating-Agenturen)* mal wieder um drei Stufen gesenkt wurde. Auf B1, «hochspekulative Anlage». Oder auf Deutsch: Schrott.

Da viele europäische Banken solche Papiere halten, würde eine entsprechende Neubewertung in der Bilanz für rote Köpfe und ebensolche Zahlen sorgen. Beides mögen Banker genauso wenig wie Stress. Glücklicherweise sind sie sich da mit den europäischen Regierungen einig; auch die sind nicht daran interessiert, für Aufregung im Bankensektor zu sorgen, da ja die naheliegende Folge wäre, dass wieder Steuermilliarden in die Hand genommen werden müssten, um wankende Banken zu stützen (→ *Geiselhaft*).

Besonders bange ist es beim neuen Stresstest den deutschen Banken und Finanzdienstleistern. Denn eigentlich hat der deutsche staatliche Sonderfonds für Finanzmarktstabilisierung SoFFin seit Ende 2010 seine Pforten für neue milde Gaben geschlossen. Was tun, wenn der neuerliche Stresstest ergäbe, dass bei großen deutschen Banken mit dünner Eigenkapitaldecke und vielen Milliarden Staatsschrottpapieren in den Büchern die Luft dünn würde?

Schön, dass es ähnlich wie beim Herstellen einer negativen Dopingprobe auch bei einem Stresstest viele Möglichkeiten gibt, ihn nicht in Stress ausarten zu lassen. Der Trick ist dermassen banal, dass sich jeder Dopingsünder eigentlich schämen würde. Bei diesem Finanzstresstest werden ja gnadenlos und rigoros die Bilanzen der Banken darauf geprüft, wie sie sich in widrigen Szenarien verhalten würden. Da trifft es sich gut, dass die meisten Banken Staatsschuldpapiere in ihrem sogenannten Bankbuch lagern. Spielt keine Rolle, was das genau ist, entscheidend ist aber: Genau dieses Bankbuch wird nicht in den Stresstest einbezogen.

Das ist etwa so, wie wenn man das Blut eines des Epo-Dopings Verdächtigten rigoros und gnadenlos auf alle verbotenen Substanzen untersucht – außer auf Epo. Im Sport erhöbe sich ein großes Geschrei, die Dopingkontrolleure würden zum Teufel gejagt. Aber in der Finanzwelt ist ja alles anders.

Swap ▶ Ein in der Zukunft stattfindendes Tauschgeschäft zwischen zwei Vertragspartnern. Besondere Berühmtheit hat der Credit Default Swap (→ *CDS*) erlangt. Ein Swap ist wie ein Termingeschäft ein sogenanntes → *Derivat*, also ein Wettschein.

Normalerweise sind an einem Swap zwei Vertragspartner beteiligt. Wenn es sich um einen harmlosen Kunden und ein weniger harmloses Finanzinstitut handelt, steht eigentlich von vornherein fest, wer gewinnt und wer verliert.

Hier wollen wir uns etwas genauer mit einem Produkt aus der Hexenküche des modernen Financial Engineering (→ *Alchemie*) beschäftigen: dem großartigen Spread Ladder Swap. Schon ein Plain-Vanilla-Swap (das ist Banglisch für die einfachste Form eines Finanzinstruments) ist nichts für Anfänger. Ein «gespreizte Leiter»-Tauschgeschäft ist eine richtige Höllenmaschine. Der Käufer wettet mit diesem Zins-Swap gegen ein Finanzinstitut, dass kurzfristige Zinsen höher bleiben als langfristige. Dabei wird zum Beispiel auf die Spreizung zwischen einem 10-jährigen Mittelsatz, basierend auf *Euribor,* und einem zweijährigen gewettet. Versteht da noch jemand was? Gemach, der *Euribor* ist die Abkürzung von Euro InterBank Offered Rate, also der Zinssatz, zu dem sich Banken gegenseitig Geld in Euro leihen. Wer wem bei der Wette etwas zahlen muss, hängt davon ab, wie sich diese Zinsdifferenz entwickelt. Damit von Anfang an die Chancen ungleich verteilt sind, wird beim Scharfschalten einer solchen Zeitbombe gleich einmal eine Kommission von normalerweise 4 Prozent kassiert, womit, wie es im Bankertalk so schön heißt, der Wettschein einen negativen Marktwert hat, den der Kunde zuerst aufholen muss. Die Bank kassiert also gleich am Anfang des Spiels ab und verkauft dann den Wettschein, mit Aufschlag natürlich, am Kapitalmarkt.

Was dem Kunden meist auch nicht klar ist: Eine begrenzte Gewinnchance steht einem theoretisch unbegrenzten Verlustrisiko gegenüber, das selbstverständlich auch höher als der Wetteinsatz sein kann.

In einen Spread-Ladder-Swap sind zudem ein paar Räd-
chen in den Mechanismus der Höllenmaschine eingebaut, die
alle dazu dienen, die Chancen des Käufers zu minimieren. Das
geht so: Man kann darauf wetten, ob bei einem Würfelspiel beim
nächsten Wurf eine Sechs kommt. Da steht die Chance auf Gewinn eins zu sechs. Bei einem Spread-Ladder-Spiel sähe das so
aus: Man wettet darauf, dass eine Anzahl Sechsen in den nächsten
Würfen kommt. Zunächst wird einem von Wetteinsatz ein Prozentsatz abgezwackt. Damit die Chancen auf einen Gewinn weiter sinken, gilt zudem folgende Regel: Wird zuerst keine Sechs
gewürfelt, dann sinkt die Gewinnauszahlung, selbst wenn der
folgende Wurf eine Sechs ist. Wenn der Spieler nun merkt, dass
er sich auf eine Wette eingelassen hat, bei der er nicht gewinnen
kann, hat er keine Chance mehr, auszusteigen. Denn er hat sich
verpflichtet, für eine bestimmte Zeitdauer zuzuschauen, wie sich
sein Wetteinsatz verringert. Dabei tröstet sich der Spieler vielleicht noch mit der Illusion, dass er immerhin vom Würfeltisch
aufstehen kann, wenn sein gesamter Einsatz in die Tasche der
Bank gewandert ist, gegen die er würfelt. Falsch, denn es besteht
Nachschusspflicht, wenn das Spielgeld aufgebraucht ist. Das ist
der Moment, wo der arme Tor zur Kenntnis nehmen muss, dass
es sich bei dieser Zeitbombe auch um ein CMS handelt, einen
Constant Maturity Swap. Das bedeutet, dass etwaige Spielschul-
den regelmäßig bezahlt werden müssen. Das wiederum bedeutet,
dass er nicht nur mit leeren Taschen den Spieltisch verlässt, sondern auch noch einen Schuldenberg abzutragen hat.

Das Beispiel hinkt allerdings etwas, weil zudem der Käufer
lediglich auf die Fachkenntnis des Beraters vertraut, der ihm dieses Gebastel verkauft (was er sowieso nicht tun sollte), während
die Bank über Supercomputer verfügt, aufgrund deren Analyse

die Wettbedingungen so gestaltet werden, dass der Käufer eigentlich mit an Sicherheit grenzender Wahrscheinlichkeit verlieren muss.

Nun mag man sich fragen, wieso alleine deutsche Kommunen bei solchen Spielchen in den letzten Jahren rund eine Milliarde Euro verloren haben, von mittelständischen Betrieben und Privatanlegern ganz zu schweigen. Blöd, gierig oder beides, auf jeden Fall selber schuld? Jein, denn viele dieser Dilettanten gingen nicht davon aus, dass sie wie in einer zugigen Bahnhofspassage von einem Hütchenspieler abgezockt werden, wenn sie dem Anlageberater einer seriösen Großbank vertrauten, der ihnen durchaus sinnvolle Risikominimierungen bei Zins- oder Währungsbewegungen anpries. Wer hätte da gedacht, dass da einer mit einer einzigen Unterschrift sein finanzielles Todesurteil besiegelt? Aber immerhin, der deutsche Bundesgerichtshof hat in einem letztinstanzlichen und bahnbrechenden Urteil festgehalten, dass es sich bei Spread-Ladder-Swaps um ein «hochkomplexes Produkt» handelt, bei dem die Risikostruktur «bewusst zu Lasten den Anlegers gestaltet ist». Und er verdonnerte die Deutsche Bank zur Rückzahlung des Verlusts eines mittelständischen Anlegers. Es wird spannend, wie weit diverse Großbanken nach diesem Urteil auf der Gewinnleiter runterrutschen werden.

T **Too big to fail** ▶   Wörtlich: zu groß, um zu scheitern. Der unerfüllbare Traum jedes Bankräubers, normale Realität für viele Banker von heute.

Neue Krisen brauchen neue Tricks, wie Kriminelle mit weißen Kragen und häufig auch in Nadelstreifen ungeschoren davonkommen. Die gesetzliche Möglichkeit für den Staat, strauchelnden Banken unter die Arme zu greifen, gibt es in den USA bereits seit 1950, bis in die 80er-Jahre wurde diese Hilfe, bei der es jedem Anhänger der freien Marktwirtschaft eigentlich die Nackenhaare aufstellen müsste, kaum eingesetzt.

Ganz anders ab dem Jahre 2008. In den USA, in allen Ländern Europas und, gemessen an der Wirtschaftskraft, im allergrößten Ausmaß in der Schweiz eilten Regierungen wankenden Banken zu Hilfe, die sich mit absurden Spekulationen an den Rande des Bankrotts gezockt hatten. Gerne unter Anwendung von Notrecht, also unter Aushebelung aller Kontrollinstanzen, und ohne die eigentlich Betroffenen, nämlich die Steuerzahler, auch nur zu fragen, wurden weltweit insgesamt rund 5000 Milliarden Dollar zur Verfügung gestellt. Anfänglich noch in gezielten Einzelaktionen, dann auch in der Form der Bereitstellung von sogenannten Bad Banks, in die ansonsten bankrotte Banken stinkende Haufen von faulen Derivaten zum Nennwert abladen konnten, um mit den dafür erhaltenen Staatsgarantien ihre dunkelroten Bilanzen aufzuhübschen.

Jedes Unternehmen in der sogenannten Realwirtschaft, das aus eigener Unfähigkeit oder wegen widriger Marktumstände vor der Pleite steht, wie das im Gefolge der Finanzkrise tausendfach geschah, geht ungeholfen über den Jordan, das ist ja das eherne

Gesetz der Marktwirtschaft. Wieso war und ist das bei großen Banken anders?

Sie sind «too big to fail», systemrelevant, systemisch. Ihre Pleite würde zum Weltuntergang oder zumindest zu einer Instabilität des Finanzsystems, zur Kettenreaktion, zur Kernschmelze, zum Zusammenbruch der Wirtschaft, zu Faustrecht, Bürgerkriegen, Weltbränden führen. Soweit die völlig unbewiesene Theorie.

Implizite Staatsgarantien führen zu einer Verzerrung des Marktes und sind schlecht. Das trompeteten nicht nur in der Schweiz die Großbanken jahrelang, unterstützt von willigen journalistischen Helfershelfern, von allen Zinnen. Sie meinten damit die Staatsgarantie, von der eidgenössische Kantonalbanken oder deutsche Landesbanken profitierten. Fast von einem Tag auf den anderen spielte dann die größte Schweizer Bank, die UBS, das bekannte Lied mit gestopfter Trompete rückwärts und verlangte ultimativ *(→ Geiselhaft)* eine staatliche Finanzspritze von mehr als 60 Milliarden Franken.

«Too big to fail» ist nichts anderes als der letzte Sündenfall des Finanzkapitalismus. Denn es liegt auf der Hand:

- Die Marktdisziplin wird vermindert und exzessive Risikobereitschaft wird gefördert.
- Es wird ein künstlicher Wachstumsanreiz geschaffen, um als «too big to fail» klassifiziert zu werden.
- Kleinere Unternehmen geraten ins Abseits, weil sie größenbedingt nicht mit einem «Bail-out» rechnen können.
- Staatliche Bail-outs sind für den Steuerzahler teuer, wie Citigroup, AIG, UBS und unzählige weitere Banken bewiesen haben.

Diese Argumente stammen übrigens nicht von einem feurigen Bankenkritiker, sondern von Ben Bernanke, dem Chef der US-Notenbank.

Erkannt hat er die Probleme schon, etwas dagegen unternommen hat er, wie alle seine Kollegen und alle Regierungen der Welt, nicht.

Total Return ▶ Der Bezeichnungen sind, wie immer im Banking, viele: Total Return, Absolute Return, Altersvorsorge-Sondervermögen-Fonds, Total Return Protect, ja sogar Super- oder Garantie-Fonds. Diese Untergruppe aus dem Fonds-Ge-kasper (→ *Hedgefonds)* will durch geschickte Anlagestrategien in jedem Marktumfeld Geld verdienen. Gehen die Börsen rauf oder runter, fallen die Rohstoffpreise oder steigen sie – kein Problem, geschickte Finanzzauberer holen immer die richtige Strategie aus dem Hut. Angeblich kommt das investierte Geld garantiert vermehrt zurück.

Alle diese wunderbaren Begriffe sollen beim arglosen Anleger die Illusion erwecken, er investiere hier sein Geld sicher, bekomme zumindest sein investiertes Kapital auf jeden Fall wieder zurück, sehr wahrscheinlich auch eine nette Rendite dazu. Gern werden auch noch Begriffe wie «Bankgarantie» oder «100 Prozent Kapitalschutz» hinzugefügt. Also ideal für den konservativen, ja ängstlichen Anleger, der einfach auf dem Sparbuch nicht weiter Geld verlieren will, weil er fast keine Zinsen dafür kriegt, aber nur eine bombensichere Investition sucht.

Natürlich ist dieses Wortgeklingel, wie im modernen Banking üblich, fauler Zauber. Das erschließt sich aber nur dem Käufer, der sich die Mühe macht, die meistens in kleinster Schrift dunkelgrau auf Hellgrau gedruckten Allgemeinen Geschäftsbedingungen mitsamt den darin gut versteckten Risikohinweisen zu lesen. Wenn man dort die juristisch aufgebackene heiße Luft rauslässt, bleibt die nackte, hässliche Wahrheit: Natürlich wird weder eine totale noch eine absolute und schon gar nicht garantierte Rückzahlung versprochen. Und der Kapitalschutz ist nur so lange bei 100 Prozent, wie derjenige, der ihn verspricht, noch das nötige Kleingeld dafür hat.

Das gilt natürlich auch für die Bankgarantie, die möglicherweise von einer sehr vertrauenserweckenden «Beach-Bank» auf den fernen Jungferninseln geleistet werden müsste, die in einem solchen Fall aber doch eher schnell ihr Postfach auflöst, während der lokale Notar ihr Schild von seiner beeindruckenden Latte von Bankdomizilien entfernt, womit bereits die wichtigsten Aktiva verschwunden wären. Also ist bei all diesen Fonds ein Totalschaden, der vollständige Verlust des investierten Geldes, sehr wohl möglich, eine negative Rendite, wie das im Bankertalk heißt, also eine Verminderung des eingesetzten Spargroschens, sehr wahrscheinlich.

Nachdem Anleger, vor allem im Zuge der Finanzkrise, mit solchen Fonds kräftig auf die Nase gefallen sind, haben die europäischen Regulierungsbehörden in ihrer unendlichen Weisheit beschlossen, dass solche angeblichen Superfonds selbst den Einsatz von → *Derivaten* viel flexibler als vorher gestalten dürfen. Näheres regelt da die EU-Richtlinie mit dem vielversprechenden Namen UCITS III, die aber offiziell natürlich mehr Transparenz für den Anleger schaffen soll. Diese Transparenz hingegen wäre auch bitter nötig, denn bei all diesen Geldsammelbecken handelt es sich um sogenannte aktiv gemanagte Fonds, was nichts anderes bedeutet, als dass eine Unzahl von Fondsmanagern, → *Analysten* und anderen Parasiten zunächst entlöhnt sein wollen, bevor etwaige Renditen an den Anleger weitergegeben werden.

Denn es kann ja inzwischen geradezu als finanzwissenschaftliches Gesetz formuliert werden, dass im modernen Fondsdschungel ein Wahnsinn durch einen noch größeren Unfug ersetzt wird.

Trader, der ▶ Trader, Broker oder Börsenmakler handeln auf eigene oder fremde Rechnung an der → *Börse*. Mit Fingerzeichen und Gebrüll kaufen oder verkaufen sie Effekten, also Wertpapiere.

Sie sind eine aussterbende Rasse, denn immer mehr Börsengeschäfte werden elektronisch abgewickelt, wo Computer und ausgefinkelte algorithmische Programme (→ *High Frequency Trading)* gegeneinander antreten.

Mit höchster Professionalität gehen Trader an der Börse im Sinne der → *Finanzwissenschaft* ihrem Geschäft nach. Ein kurzer Einblick in ihr Vokabular zeigt die Tiefgründigkeit ihrer Analysen:

- «Dead cat bounce», die hochspringende tote Katze: Damit meint der Börsenhändler eine kurze Erholung in einem fallenden Markt, worauf sich die Abwärtsbewegung fortsetzt.
- «Bear and Bull»: Der Bär haut mit den Tatzen nach unten, ist pessimistisch und setzt auf fallende Kurse, der Fachmann spricht von einem Bärenmarkt. Der Bulle dagegen stößt mit den Hörnern nach oben, ist optimistisch und setzt auf steigende Kurse, wir haben einen Bullenmarkt.
- «Falling knife»: In einen fallenden Kurs hineinzukaufen ist etwa so gefährlich wie ein fallendes Messer aufzufangen.
- «Nervous Nellie»: Ein Investor, dem es bei seinem Kauf nicht behaglich ist.

- «One night stand»: Eine kurzfristige Investition, ein finanzieller Quickie.
- «Bo Derek», «Jennifer Lopez», «Angelina Jolie»: Bezeichnung für ein perfektes Investment.
- Lippenstift-Effekt: Ein Indikator, der angeben soll, dass in wirtschaftlich schwierigen Zeiten mit ungewissen Zukunftsaussichten Frauen statt teure Kleider mehr billige Lippenstifte kaufen.
- Aspirin-Index: Fallende Kurse und steigende Aspirin-Verkäufe werden hier korreliert.
- Heiße-Kellnerin-Index: Je mehr gutaussehendes Servicepersonal, desto schlechter der Zustand der Wirtschaft. Dieser Index basiert auf der Annahme, dass in ökonomisch besseren Zeiten gutaussehende Menschen weniger Probleme haben, gutbezahlte Jobs zu finden.

Damit da keine Missverständnisse aufkommen: Alle diese Indikatoren werden tatsächlich verwendet.

Trust, der ▶ Ein Trust war bis anhin die Bezeichnung für den Zusammenschluss mehrerer Unternehmen, um eine marktbeherrschende Position zu erlangen, den Wettbewerb auszuschalten und Preise nach Belieben festlegen zu können.

Trust ist aber in letzter Zeit eher im Gespräch als Bezeichnung für ein Treuhandverhältnis, ähnlich wie eine Stiftung. Der Stifter, englisch «Settlor», vermacht einem Nutznießer oder «Beneficiary» sein Vermögen. Verwaltet wird der Trust durch einen Treuhänder, einen Trustee. Das Ganze kann einem edlen Zweck dienen, also beispielsweise der Unterstützung der Erforschung von Paarungsriten der kleinen Wüstenspringmaus (Jaculus jacu-

lus). Oder von Studien zur Vertiefung der Völkerfreundschaft.
Wenn solche Stiftungen in Liechtenstein oder Trusts in Singapur
errichtet werden, liegt aber der Verdacht nahe, dass der edle Spen-
der nicht in erster Linie philanthropische Absichten hat. Und
wenn doch, ist er sich dabei wahrscheinlich selbst der Nächste.
Denn der Nutznießer dieser Konstruktionen kann auch der Stifter selbst sein.

Die Errichtung eines solchen Trusts in Singapur (oder warum nicht auf Guernsey Island?) ist billig (ab 1000 Franken ist
man dabei), geht schnell (sofort oder maximal drei Tage) und
vor allem diskret. Denn die Nachforschungen nach dem eigentlichen Besitzer enden normalerweise beim Treuhänder oder beim
Trustee, die sich bei weitergehenden Fragen mit treuem Augen-
aufschlag auf ihr Berufsgeheimnis berufen. Diese Tarnkonstruk-
tion, denn um nichts anderes handelt es sich hier, hat noch einen
weiteren schönen Vorteil: Es besteht keine Buchhaltungspflicht.

Speziell Schweizer Banken, aber nicht nur sie, empfehlen
also vermögenden Kunden mit Wunsch nach Steuerhinterziehung, pardon, Steueroptimierung mitsamt Nachlassplanung die
Errichtung eines Trusts. Je nach gewünschtem Sitz wird dann
aus einer Liste von sogenannten Netzwerkpartnern, das sind mit
der Bank verbandelte Anwälte, Treuhänder oder Notare, eine
passende Kanzlei ausgewählt. Das muss der Kunde natürlich
nicht wissen, auch nicht, dass dieser Netzwerkpartner gegen ein
entsprechendes Kick-back (→ *Retrozession*), also ein Bakschisch,
die Verwaltung der gebunkerten Gelder der Bank überlässt. Das
räumt viel Platz für Spaß und Tollerei ein, dank der fehlenden
Buchhaltungspflicht. Freude kommt da allerdings mehr bei der
Bank als bei ihrem Kunden auf.

Dem Kunden indes droht in Deutschland noch mehr Ungemach. Denn im Gegensatz zur Schweiz, England, den USA, Belize, Liechtenstein usw. ist die Bundesrepublik nicht der Haager Trust Convention beigetreten. Das bedeutet im Klartext, dass für den deutschen Fiskus eine solche Konstruktion gar nicht existiert. Die deutsche Steuerbehörde schaut also sozusagen durch diese Konstruktion hindurch und möchte gerne wissen, wer denn genau von den Erträgen des Trusts profitiert – und dafür Steuern zu löhnen hat. Das kann dann für den «beneficial owner» oder Nutznießer ziemlich unangenehm werden.

Den vermag aber zu trösten, dass die Bank auch zur Kasse gebeten werden kann, Stichwort «Kontenwahrheit». Mit diesem schönen Begriff ist gemeint, dass eine Bank jederzeit darüber Auskunft geben muss, wer denn eigentlich der Nutznießer des von ihr verwalteten Trust-Kontos «Stiftung Wüstenmaus» ist. Sonst haftet sie selbst für etwaige Steuerschulden, vor allem, wenn sie bewusst diese Kontenwahrheit verschleiert hat. Da nützt ihr dann, im Gegensatz zur Wüstenspringmaus, weder das Anlegen unterirdischer Gänge noch allenfalls die Fähigkeit, aus dem Stand mehr als zwei Meter weit springen zu können.

U

Übersetzungshilfe, eine (f., unbest. Artikel)
▶ Eine natürlich unvollständige Auswahl von typischen Bankersätzen und ihre korrekte Übersetzung.

Das sagt der Banker:
Das meint der Banker:
Ich habe hier eine persönliche Empfehlung speziell für Sie.
Ich muss dieses Produkt allen meinen Kunden verkaufen.
Ich sehe hier großes Potenzial.
Ich sehe überhaupt nichts, aber unsere Analysten behaupten das.
Die Börse ist ja etwas volatil.
Ich habe keine Ahnung, wo die Reise hingeht.
Blue Chips sind immer ein sicherer Wert.
Ich muss auch an die Courtage denken.
Ich habe Ihr Risikoprofil analysiert.
Ich will Ihnen etwas aufs Auge drücken, was nicht zu Ihrem Risikoprofil passt.
Wir haben den Markt geschlagen.
Die Rendite ist jämmerlich, aber wenigstens knapp über dem Durchschnitt.
Wir sollten Ihre Anlage optimieren.
Ich muss durch Umschichten auf die mir vorgegeben Gebühren kommen.
Ich habe ein auf Sie maßgeschneidertes Anlagemodell entwickelt.
Ich habe in eine 08/15-Schablone Ihren Namen und Ihre Zahlen eingesetzt.

Wir sollten auch an Steueroptimierung denken.

Ich will Ihr Schwarzgeld nicht verlieren.

Buchverluste fallen ja erst an, wenn sie realisiert werden.

Ihr Depot ist in tiefroten Zahlen.

Ich berate nur, die Entscheidung müssen Sie treffen.

Ich lehne jede Verantwortung oder Haftung ab.

Aus heutiger Sicht mag das so sein, aber damals war die Entscheidung richtig.

Ich habe völlig danebengehauen.

Vertrauen ist der höchste Wert für mich.

Glücklicherweise hat Vertrauen keinen Wert.

Das ist eine gute Frage.

Ich habe keine Ahnung, wie ich sie beantworten soll.

Wir sollten in die Zukunft schauen.

Die Verluste waren grauenhaft.

Die Bruttorendite kann sich sehen lassen.

Ihre Nettorendite liegt bei null, aber wenigstens habe ich Gebühren verdient.

Ich arbeite nur in Ihrem Interesse.

Ich arbeite nur für mich und meinen Bonus.

Darf ich Sie zu einem Business-Lunch einladen?

Auf meinem Spesenkonto hat es noch Luft.

Ich lasse da gerne alle nötigen Unterlagen zusammenstellen.

Mein Assistent steckt ein paar Broschüren in einen Briefumschlag.

Krisen sind ja auch immer Chancen.

Meine Bank muss sich dringend von absaufenden Risikopapieren trennen.

Das ist eine risikooptimierte Anlage.

Das ist eine hochriskante Anlage.

Haben Sie schon einmal an eine aktive Bewirtschaftung Ihres
Vermögens gedacht?

> *Unsere Fondsmanager brauchen neues Spielgeld, damit wir*
> *ihre Gehälter zahlen können.*

Ich verstehe, dass Sie von der Entwicklung Ihres Portfolios etwas frustriert sind.

> *Ihr Gezeter geht mir so was von auf den Keks.*

Wir sollten das Ganze mal objektiv und nüchtern betrachten.

> *Hören Sie endlich auf, mich anzujammern.*

Ich bin von dieser Entwicklung genauso enttäuscht wie Sie.

> *Diese Entwicklung ist mir völlig egal, weil ich ja bereits meine*
> *Kommission kassiert habe.*

Sie sollten auf die Strukturen und das Backoffice einer Großbank vertrauen.

> *Unser Overhead und unsere Infrastruktur muss ja von jeman-*
> *dem bezahlt werden.*

Ein Wechsel zu einem anderen Vermögensverwalter ist ja mit
hohen Transaktionskosten verbunden.

> *Wenn Sie meinen, Sie könnten mich einfach loswerden, haben*
> *Sie sich aber schwer getäuscht.*

Sie haben mit Ihrer Unterschrift bestätigt, dass Sie die Risikoaufklärung gelesen und verstanden haben.

> *Wenn Sie es so haben wollen, dann muss ich Sie halt auf das*
> *Kleingedruckte aufmerksam machen.*

Wir sind so für die Zukunft gut aufgestellt.

> *Reden wir nicht von vergangenen Verlusten.*

Ich persönlich verurteile auch, dass es zu vereinzelten Bonus-
Exzessen kam.

> *Ich bedaure zutiefst, dass ich nicht selbst an die großen Fleisch-*
> *töpfe kam.*

Ich kann Ihnen da interessante Sonderkonditionen anbieten.

Ich habe mein Quartals-Verkaufsziel noch nicht erreicht.

Ich bin auch von der menschlichen Tragödie in Japan zutiefst erschüttert.

Ich habe durch ein paar Leerverkäufe einen netten Reibach gemacht.

Wir müssen ja alle kompetitiver werden, und davon profitieren Sie.

Man hat mir angedroht, mich rauszuwerfen, wenn ich nicht mehr Gebühren aus Ihnen raushole.

Soweit ich es überblicken kann, sind wir so auf der sicheren Seite.

Es ist mir völlig wurst, auf welcher Seite wir sind, ich bin auf meiner.

Viele Händler setzten ja jetzt auf sichere Staatspapiere.

Ich renne am liebsten dem Rudel hinterher und hoffe, dass es keine Lemminge sind.

Ich persönlich bin da auch investiert.

Aber nur, wenn ich so blöd wie Sie wäre.

Wir sind ja nur ein Schiff auf stürmischer See.

Ich sitze aber schon im Rettungsboot.

Wir können bei diesem Produkt auf die Kompetenz unserer Finanzspezialisten vertrauen.

Ich habe auch keinen blauen Dunst, wie dieses Gebastel funktioniert.

Sie können mich jederzeit anrufen.

Bloß nicht.

Ich habe jetzt ein wichtiges Finanz-Update.

Ihre Zeit ist abgelaufen.

Unvorhersehbar ▶ Es ist das Wesen der Zukunft, dass sie unvorhersehbar ist. Es ist das Wesen einer Investition, dass ein Gewinn erst in der Zukunft realisiert werden kann.

Nun gibt es glücklicherweise die Vergangenheit und aus ihr ableitbare Wahrscheinlichkeiten. Man kann daher davon ausgehen, dass auch morgen wieder die Sonne aufgeht. Man kann auch davon ausgehen, dass in einem Markt, in dem vorgestern, gestern und heute eine bestimmte Anzahl Brote gekauft werden, auch morgen der Bedarf nach einer ähnlichen Menge besteht. Aber sicher ist das alles nicht.

Da Unsicherheiten vor allem im Finanzmarkt nicht gerne gesehen werden, versucht man es mit Wahrscheinlichkeitsrechnungen, der Gauß'schen Normalverteilungsglocke, also mit dem Ansatz, dass aus der möglichst umfangreichen Analyse beispielsweise sämtlicher Börsenbewegungen der Vergangenheit eine Aussage über zukünftige Entwicklungen möglich ist – und die Anwendung dieser Methode dem Finanzmagier seherische Kräfte verleiht, wie sie auch der Wahrsager besitzen will.

Im Gegensatz zum Wahrsager, der einfach auf seine übernatürlichen Kräfte vertraut, verwechselt der Finanzmagier aber Wahrscheinlichkeit mit Sicherheit. Er übersieht gerne, dass mit Supercomputern durchgerechnete vergangene Ereignisse im Rahmen einer normalen Entwicklung sicher die Trefferquote bei der Vorhersage einer zukünftigen Entwicklung verbessern. Außer eben, es tritt das Unvorhergesehene ein. Die Anschläge vom 11. September, das Erdbeben in Japan, der Aufstand in der arabischen Welt, also Terrorismus, Naturkatastrophen, gesellschaftliche Umbrüche ereignen sich meistens unvorhersehbar, ihre Auswirkungen sind meist unüberschaubar. Die Wissenschaft spricht da gerne von selbstorganisierter Criticalität, fraktalen Dimensionen oder bemüht die Quantenphysik. Der Finanzprognostiker spricht gerne von «in keinem Modell antizipierbaren Ereignissen».

Manchmal hat er damit recht, manchmal nicht. Vor allem ist «unvorhersehbar» das Lieblingswort der Banker, wenn völlig vorhersehbar eine Blase platzt. 1989 war Tokio, gemessen an den Immobilienpreisen, gleich viel wert wie ganz Kanada. 1990 implodierte dann der Immobilienmarkt in Japan, worunter das Land bis heute leidet, messbar an den niedrigsten Wachstumsraten aller Industriestaaten. Das war für die meisten beteiligten Banken unvorhersehbar.

Das Gleiche gilt natürlich für die Dotcom-Blase, die Immobilienblase, die Staatsschuldenblase und viele andere in sehr simplen mathematischen Modellen antizipierbare Ereignisse.

Aber es gibt noch einen weiteren Faktor, der Prognosen sehr schwierig macht, vor allem, wenn sie die Zukunft betreffen. Nehmen wir als Beispiel das brennende Problem der Staatsschulden und wie die allenfalls bezahlt werden könnten. Ein seriöser Ökonom würde da sagen: «Die fiskalische Lücke eines Landes wird berechnet, indem man – vor einem unendlichen Zeithorizont – den gegenwärtigen Wert aller künftigen Ausgaben von dem gegenwärtigen Wert aller künftigen Steuereinnahmen subtrahiert.» Das hört sich gut an, enthält aber ein Wort, dass diese «Berechnung» reif für den Papierkorb macht: unendlich. Zudem beruht diese «Berechnung» auf Annahmen, beispielsweise, wie hoch die zukünftigen Steuereinnahmen und die Staatsausgaben sein werden. Je nachdem, welche Werte man da einsetzt, und das macht sich schon in einem keineswegs unendlichen, sondern überschaubaren Rahmen bemerkbar, führt eine Veränderung hinter dem Komma zur Prognose: totales Desaster. Oder rosige Aussichten.

Und dabei ist Unvorhersehbares, was bei einem unendlichen Zeithorizont doch eine gewisse Wahrscheinlichkeit aufweist, inklusive der Möglichkeit, dass die Sonne einmal nicht mehr aufgeht, gar nicht inbegriffen.

Also gibt es für die Zukunft in der Finanzwelt wohl nur zwei Möglichkeiten: Entweder ist sie vorhersehbar, wird aber nicht vorhergesehen, oder sie ist tatsächlich unvorhersehbar.

UVV, der ▶ Der Begriff hört sich gut an. Allerdings: In der Schweiz ist die Bezeichnung «unabhängiger Vermögensverwalter» (UVV) gemäß der staatlichen Finanzmarktaufsicht Finma «eine nicht geschützte Berufsbezeichnung – sie sind keinen aufsichtsrechtlichen Verhaltensregeln unterworfen». Nur rund 1000 UVVs sind dem Verband Schweizerischer Vermögensverwalter (VSV) angeschlossen, der im Rahmen einer Selbstregulation die Einhaltung gewisser berufsethischer Verhaltensregeln von seinen Mitgliedern einfordert. Darum herum schwirren weitere 2000 UVVs. Für die ausländischen Kunden, die sehr auf die Solidität Schweizer Institutionen hoffen, wäre das vielleicht eine wichtige Information.

Einem Kunden, der heute bei einer Schweizer Bank mit dem Anliegen vorspricht, Schwarzgeld verstauen zu wollen, wird in den meisten Fällen die Türe gewiesen – oder aber, er wird an einen «unabhängigen Vermögensverwalter» verwiesen. Dieser Mittelsmann übernimmt die Abklärung der Herkunft des Kundengeldes, die Errichtung des passenden Tarnkonstrukts und überlässt dessen Bewirtschaftung dann der Bank. Die im Vergleich zu einer normalen Portefeuillepflege anfallenden höheren Gebühren teilen sich dann der Vermögensverwalter und die Bank mehr oder weniger brüderlich.

Immerhin werden von UVVs in der Schweiz Vermögen in der Höhe von 465 Milliarden Euro betreut, wobei 50 Prozent aus dem Ausland stammen und davon wiederum die Hälfte aus dem EU-Raum.

Wenn es ganz dumm läuft, verschwindet allerdings das Geld des Anlegers in den steuerneutralen Tarnkonstruktionen des UVV – und der nach Paraguay oder in ein anderes Land, das kein Auslieferungsabkommen mit der Schweiz kennt.

V **Versicherungs-Wrapper, der** ▶ Anbieter nennen den Versicherungs-Mantel inzwischen lieber vornehm «Private Placement Life Insurance». Unabhängig vom Namen handelt es sich um ein Konstrukt, in das der Kunde sein bisheriges Aktien- und Anlagedepot einbringen kann. Vorteil: Mit dieser Umwandlung verschwindet der Name des Kunden aus den Dateien seiner Bank, selbst bei einem neuerlichen Datenklau muss er keine Enttarnung befürchten.

Der große Schweizer Versicherungskonzern Swiss Life verwaltete im Jahr 2005 in Liechtenstein lediglich 143 Millionen Euro in solchen Versicherungsmänteln, inzwischen sind es bereits knapp 9 Milliarden Euro. Natürlich kann das auch Ausdruck eines zunehmenden Bedürfnisses nach Lebensversicherungen sein. Allerdings weist der Umweg über Liechtenstein auf ein anderes Bedürfnis des Kunden hin: Dort fallen, im Gegensatz zur Schweiz, auf solche Anlagen keine Verrechnungssteuern an, mit anderen Worten: Auch die Erträge bei etwaigen Kapitalgewinnen sind völlig steuerfrei, falls der Kunde sie nicht freiwillig bei seinem Finanzamt deklariert.

Einige Anbieter verlangen aus Selbstschutz eine Erklärung des Kunden, dass er nur versteuerte Gelder in dieses Mäntelchen einzahlt. Wem selbst das zu blöd ist, der schaltet einfach einen → UVV (unabhängigen Vermögensverwalter) dazwischen, und alle sind zufrieden.

Vermögensverwalter, Bank und Versicherung, weil durch diese Konstruktion natürlich zusätzliche Gebühren, Kommissionen und Abgaben fällig werden. Und der Kunde, weil er eine wei-

tere Hürde eingebaut hat, damit sein Fiskus nicht ans Schwarzgeld rankommt.

Vertrauen, das ▶ Vertrauen ist die Grundlage jeder wirtschaftlichen Transaktion. Wer bei einem Gebrauchtwagen-
händler ein Auto kauft, muss als technischer Laie darauf vertrauen, dass das Fahrzeug wie angepriesen funktioniert. Wer im
Supermarkt ein Kalbskotelett kauft, muss darauf vertrauen können, dass ihm kein Gammelfleisch angedreht wird. Notfalls
regeln Garantie, Gesetz und Kontrolle diesen Austausch von
Geld gegen Ware. Jeder Käufer ist sich gleichzeitig bewusst, dass
der Autohändler nicht aus Menschenfreundlichkeit seinem Geschäft nachgeht und auch die Fleischempfehlung des Metzgers
nicht uneigennützig erfolgt.

Vertrauen, Verantwortung und Kompetenz, das sind die
Lieblingsvokabeln jedes → *Anlageberaters* oder → *Private Bankers.* Als kompetenter Fachmann übernimmt er die Verantwortung für die ihm anvertrauten Kundengelder und legt sie, so sagt
er, im Sinne seines Mandanten dessen Bedürfnissen und Wünschen entsprechend an.

Das ist von A bis Z gelogen. Zunächst sind die meisten Anlageberater und Private Banker keine Fachleute, sondern reine Verkäufer ohne jegliches finanztechnisches Wissen. Sie beraten auch
nicht, sondern müssen Verkaufsvorgaben erfüllen, davon hängen
ihr Einkommen und die Karriere ab. Dabei sind ihnen die Be-
dürfnisse und Wünsche der Kunden recht egal. Und Vertrauen
wird hier zur «riskanten Vorleistung», wie das der Soziologe Ni-
klas Luhmann nennt. Nicht nur Zehntausende von Lehman-
Opfern mussten schmerzvoll erfahren, dass ihr Vertrauen in angebliche seriöse Banken auf das Übelste missbraucht wurde. Eine

«Bankgarantie» löste sich bei genauerer Betrachtung genauso in Luft auf wie «100 Prozent Kapitalschutz», und von Fehlberatung oder mangelnder Risikoaufklärung konnte trotzdem keine Rede sein, weil der Kunde das beweisen müsste, nicht der Verkäufer.

Das ist etwa so, wie wenn ein Gebrauchtwagenkäufer losfährt und die Karre löst sich noch auf dem Hof des Händlers in ihre Einzelteile auf. Wäre der Händler ein Banker, könnte er anschließend sagen, er habe den Kunden zuvor ausführlich auf die möglichen Risiken inklusive Totalschaden hingewiesen, und zudem sei er ja gar nicht Besitzer des Wracks gewesen, sondern nur Zwischenhändler. Der Käufer solle sich doch bitte schön an den Hersteller des Schrotthaufens wenden, und im Übrigen sei er, der Banker, keinesfalls bereit, seine Kommission beim Verkauf wieder rauszurücken.

So etwas wäre selbst beim schmierigsten Autoverkäufer unvorstellbar, im Bankgeschäft ist es Alltag und Routine. Aus reiner Geldgier haben die Banker jedes Vertrauen verspielt, verzockt, verloren.

Verblüffend ist allerdings, dass viele Bankkunden weiterhin auf Anlageberatung hereinfallen. Vielleicht sollten sie ihrem als seriöser Banker verkleideten Verkäufer vor einer Entscheidung drei simple Fragen stellen:

1. Was verdienen Sie an dem Produkt, das Sie mir verkaufen?
2. Was verdient Ihre Bank an dem Produkt?
3. Sie haben mich nun eine Stunde angeblich umsonst beraten. Wie viel Umsatz müssen Sie in dieser Zeit machen?

Villiger, Kaspar ▶ Ist ein Rentner in seinen Siebzigern der richtige Mann, um die größte Schweizer Bank, die UBS, aus der größten Krise ihrer Geschichte zu führen? Nun, man sollte vielleicht nicht sein Alter gegen den ehemaligen Schweizer Bundesrat Villiger ins Feld führen.

Wenn nicht A wie Alter, dann Z wie Zitate? «Das Bankgeheimnis ist nicht verhandelbar» stammt von ihm. Ist also der Politiker Kaspar Villiger der richtige Mann, um die UBS aus dem selbst verschuldeten Schlamassel um den kriminellen Missbrauch des Bankkundengeheimnisses zu führen? Ist der Redner Villiger der richtige Fachmann, der doch 1999 sagte: «Das gleiche Problem könnte sich auch beim Bund beim Konkurs einer Großbank stellen. Es ist dies politisch eine schwierige Frage. Es gibt darauf nur eine klare Antwort: Kein Institut ist ‹too big to fail›, kein Institut darf je mit Hilfe rechnen können.» Ist der Vielredner Villiger der richtige Mann für die Rettung der UBS, der noch Ende 2008 sagte, dass die Ursachen für die Finanzkrise eindeutig bei der Politik und nicht bei den Banken lägen?

Nun, man sollte vielleicht nicht seine Worte gegen den Filzokraten Villiger der schweizerischen FDP ins Feld führen. Dann bleiben seine Taten. Kaspar Villiger war als Finanzminister der Ritter von der traurigen Gestalt beim Milliarden-Desaster der fehlgeschlagenen Rettung der Swissair. Kaspar Villiger ist nicht minder Ritter von der traurigen Gestalt als Verwaltungsrat und Mitglied des Risikoausschusses beim Milliarden-Desaster der Swiss Re. Und die «Neue Zürcher Zeitung» floriert seit seinem Eintritt in den Verwaltungsrat auch nicht gerade. In Bankenkreisen würde man da ungerührt von einer negativen Bilanz sprechen.

Nun, man sollte vielleicht auch nicht gerade den Leistungsausweis gegen Villiger ins Feld führen, soll seine Rolle als Verwaltungsratspräsident der wankenden Bank UBS doch sein, dem existenzbedrohten Bankriesen neues Renommee zu geben, als

Elder Statesman, als Integrationsfigur, als moralisches und ethisches Gewissen. Ist Villiger wenigstens dafür geeignet?

Schauen wir in seine Vergangenheit als Verwaltungsrat. Villiger entstammt ja der gleichnamigen Stumpendynastie aus dem Luzerner Seetal. In den achtziger Jahren verschwanden immer mehr kleine Tabakfirmen und wurden von Villiger geschluckt. Und da trug es sich zu, dass Kaspar Villiger Verwaltungsrat der Fabbrica Tabacchi Brissago SA (FTB) war, des Herstellers der berühmten Brissagos. In dieser Eigenschaft erfuhr Villiger, dass die FTB die Tabakfirma Eichenberger in Zetzwil zu übernehmen gedachte und sich sogar ein Vorkaufsrecht hatte einräumen lassen. Und was tat FTB-Verwaltungsrat Villiger im Jahre 1988? Villiger-Boss Villiger schnappte die Firma Eichenberger der FTB vor der Nase weg und verleibte sie seinem eigenen Imperium ein. Daraufhin wurde er natürlich aus dem Verwaltungsrat der FTB hochkant hinausbefördert, denn das gehört sich nicht einmal unter den hemdsärmligen Mitgliedern der helvetischen Tabaksgesellschaft. «Seither ist Villiger für mich gestorben», erinnert sich heute ein damals in leitender Funktion bei FTB Beteiligter.

Wir fassen zusammen: Kaspar Villiger hat als Politiker und als Verwaltungsrat einen eher durchwachsenen Leistungsausweis und hat sich als Gesprächspartner zum Thema Bankkundengeheimnis und Finanzkrise durch frühere Aussagen ziemlich disqualifiziert. Zudem hat der Bank-Laie Villiger in seiner Vergangenheit als Tabak-Verwaltungsrat nicht unbedingt so gehandelt, wie es die landläufigen ethisch-moralischen Prinzipien nahelegen.

Aber vielleicht erinnert sich der einstige Fahrrad-Fabrikant Villiger wenigstens noch an ein wichtiges Bestandteil klassischer

Zweiräder: den Rücktritt. Allerdings würde das kaum jemand bemerken, da sich Oswald → *Grübel* auch ohne seinen Mann am Fenster genügend Aufmerksamkeit verschaffen kann.

Virtuelles Geld ▶ Ich nehme einen Geldschein im Wert von 100 Talern aus meinem Portemonnaie und leihe ihn einem von mir selbst hergestellten Klon. Dann bitte ich den Klon darum, mir die 100 Taler wieder zurückzuleihen. Damit habe ich 200 virtuelle Taler hergestellt, zusätzlich zum real existierenden Geldschein. Denn der Klon schuldet mir ja 100 Taler, und ich ihm auch. Diese verwende ich nun als Sicherheit für eine Kreditaufnahme von weiteren realen 100 Talern, zusätzlich schließe ich eine handelbare Versicherung darauf ab, dass der Kredit über 100 Taler auch tatsächlich bedient wird. Diese Versicherung wird mit weiteren Policen verpackt, von → *Rating-Agenturen* bestens bewertet, schließlich ist sie mit 200 virtuellen Talern garantiert, und weiterverkauft. Alle Beteiligten wissen dabei, dass es sich hier um eine reine Luftnummer handelt – an der aber in Form von Gebühren, Kommissionen, Kick-backs und → *Retrozessionen* hübsch Geld verdient werden kann. Angeschmiert ist nur der Dumme am Ende der Nahrungskette, der reales Geld geliefert hat. Aber der reicht seinen Verlust an den Staat weiter, der ihn mit einer weiteren Luftnummer begleicht.

Seine Notenbank druckt nämlich Staatsschuldpapiere. Falls die auf dem Kapitalmarkt nicht genügend Abnehmer finden, weil sich inzwischen herumgesprochen hat, dass auch Staaten pleitegehen können (→ *Staatsbankrott)*, kauft er sie gleich selbst wieder auf. Da beißt sich die Schlange in den Schwanz, bis sie mit ihren Beißerchen am eigenen Hinterkopf angekommen ist.

Reine → *Alchemie,* fauler Zauber ohne Wert und Inhalt. Das

versteht jeder, der das Einmaleins beherrscht. Das versteht jeder, der nicht auf eine Logelei nach dem Muster hereinfällt: Keine Katze hat drei Schwänze. Deshalb hat jede Katze vier. Das versteht jeder, der weiß, dass aus Geld nicht mehr Geld hergestellt werden kann. Das weiß auch jeder Banker, der an diesem Taschenspielertrick beteiligt ist.

Es gibt Dummköpfe, die einem Betrüger ein Bündel echter Geldscheine übergeben, weil der behauptet, sie unter Einsatz geheimer schwarzer Magie zu vermehren. Wenn dieser Magier geschnappt wird, kriegt der Dummkopf wenigstens sein Geld zurück und schämt sich ein wenig.

Bei den großen → *Investmentbanken* schämt sich niemand, genauso wenig wie beim großen Versicherungsmoloch AIG oder in den heiligen Hallen der staatlichen Notenbanken. Und geschnappt wird auch niemand, denn wenn dieser Taschenspielertrick als modernes Financial Engineering (→ *Alchemie)* ausgegeben wird, ist er legal.

W

Währung, die ▶ Es fängt einfach an, wird aber schnell kompliziert. Geld ist erst einmal ein allgemeines Austauschmittel von Werten und Leistungen. In Form von Geld, also Banknoten, bezahlt man in einem definierten Währungsraum ein Kilo Brot oder einen Haarschnitt. Wie die Währung heißt und wie viel es von ihr gibt, regelt normalerweise eine staatliche Zentralbank. Ihre Akzeptanz beruht auf dem Vertrauen der Benützer, dass die Währung als Tauschmittel adäquat den Aufwand (normalerweise Arbeitsleistung) und Ertrag (Kauf eines Produkts oder einer Dienstleistung) widerspiegelt als «gespeicherte Arbeit», also als Aufbewahrungsmittel stabil ist.

So weit die volkswirtschaftliche Theorie. Aber seit der Abschaffung der internationalen Leitwährung Dollar und der Aufhebung fester Wechselkurse sind auch Währungen zum Spielplatz für Spekulanten und Abzocker geworden. Das bis heute unübertroffene Beispiel ist die Pfundkrise von 1992. Der amerikanische Spekulant George Soros und sein Quantum Fonds hebelten, unterstützt von weiteren Spekulanten, mit ungedeckten → *Leerverkäufen* von lediglich 15 Milliarden £ die englische Währung aus dem damaligen Europäischen Währungsraum (EWR) und zwangen die Bank of England zu einer Abwertung von rund 15 Prozent. Reingewinn für den Quantum Fonds in einer Woche: 1 Milliarde Pfund.

Richtig lustig und kompliziert wird es aber erst, wenn man in die modernen virtuellen Finanzwelten eintritt. «Second Life», die 3-D-Plattform mit ihren Avataren, war ein großer Hype im ersten Jahrzehnt dieses Jahrtausends und existiert bis heute. In dieser rein virtuellen Welt gibt es natürlich auch eine rein virtuelle Währung, den Linden Dollar. Der wird aber nicht virtuell gedruckt oder wie bei Monopoly an die Spieler am Anfang verteilt, sondern kann gekauft werden. Mit realem Geld natürlich, zu mehr oder weniger fixen Kursen. So bekommt man für einen Schweizerfranken rund 255 Linden Dollar, eine Million gibt es mit Mengenrabatt für 4000 Franken. Damit kann man sich dann, wie im wirklichen Währungsleben, Produkte und Dienstleistungen kaufen, ein Kilo Brot, einen Haarschnitt, ein Grundstück oder ein von einem Architekten geplantes Haus – virtuell natürlich.

Nun mag sich der finanztechnische Laie fragen, was dieses Beispiel mit der realen Welt und realen Währungen zu tun hat. Die Frage ist natürlich falsch gestellt, denn auch in der realen Welt gibt es → *virtuelles Geld*, und viele Währungen bekommen immer mehr einen virtuellen Avatar. So pumpte beispielsweise die japanische Staatsbank im Nachgang zur Erdbeben- und AKW-Katastrophe rund 400 Milliarden Dollar in die Wirtschaft. Konkret druckte sie dabei nicht etwa Yen für diesen Betrag, sondern auf einem Computer wurde diese Summe mit ein paar Klicks hergestellt. Trotz des größeren Angebots dieser Währung, was zu einem Kursverfall des Yen hätte führen müssen, wenn die Theorie stimmen würde, dass Angebot und Nachfrage den Preis bestimmen, stieg der Yen gegenüber Dollar und Euro. Noch absurder: Was der Markt nicht aufnehmen konnte, kaufte die Staatsbank selber wieder zurück. Das machen übrigens das Fed, die US-Notenbank, und die europäische Zentralbank genauso. Also sind wir auch bei Währungen in ein «Second Life» eingetreten.

Diese Avatare entfalten aber im Gegensatz zur virtuellen Spielplattform ein interessantes Eigenleben. Weil die Hersteller, die Zentralbanken, nicht mehr den Preis ihres Produkts gegenüber anderen Währungen kontrollieren können, steigen plötzlich der Franken oder der Yen, befindet sich der Euro gegenüber dem Dollar im Sinkflug oder umgekehrt. Die Schweizer Nationalbank holte sich eine blutige Nase, als sie 2010 den Höhenflug des Franken kontrollieren wollte. Sie machte einen Verlust von über 32 Milliarden Franken, als sie mit Ankäufen von Dollar und Euro Gegensteuer geben wollte.

Eine moderne Währung lebt also zweimal, als würde sie eine Nebenrolle im gleichnamigen James-Bond-Film spielen. Im Gegensatz zu 007 ist sie aber nicht unsterblich.

Wording, das ▶ Wording ist eine Verballhornung des englischen Wörtchens «word» (Wort), und mit ihm ist das konsequente Verwenden einer einheitlichen Unternehmenssprache gemeint. Das hat natürlich etwas Gutes, damit eine Firma nicht mit vielen Zungen spricht und widersprüchliche Botschaften aussendet.

Das hat etwas Hochstaplerisches, wenn es von → *Anlageberatern* oder → *Private Bankern* verwendet wird. Hier bedeutet Wording, dass diese angestellten finanztechnischen Laien bei Kundengesprächen vom Computerbildschirm vorgegebene Worthülsen ablesen.

Von Finanzmathematikern werden immer neue, komplizierte, schwer verständliche und eigentlich völlig überflüssige Produkte entwickelt. Diese werden von Investmentbankern grob auf ihre Markttauglichkeit überprüft und dann an die große Abteilung Corporate Communication weitergeleitet. Dort kratzt man sich eine Weile am Kopf, bis man den Inhalt desr Sätze einigermaßen verstanden hat. Anschließend wird eine fantasievolle verbale Verpackung erfunden. Zum Beispiel: «Unser neues Anlageprodukt Core-Satellite verbindet einen werterhaltenden Kern von konservativen Anlagen mit ertragsorientierten Satelliten, mit denen interessante Erträge erzielt werden können, wobei die geballten Expertisen unserer weltweit tätigen Spezialistenteams durch kontinuierliche Marktbeobachtung jederzeit dafür besorgt sind, dass nur potenzielle Over-Performer in das Portfolio eingefügt werden.» Dann geht das gesamte Wording noch in die gut dotierte juristische Abteilung der Bank, die den Text auf allfällige unzulässige Gewinnversprechungen abklopft, aus dem Stehsatz eine mehrseitige Abhandlung über Risiken und Nebenwirkungen hinzufügt, damit die Bank auf jeden Fall von jeder Haftung befreit ist, wenn das schöne Core-Satellite-Anlagevehikel in die Kernschmelze übergeht.

Dann wird eine hübsche Broschüre mit Symbolbildern hergestellt, je nach aktueller Mode mit optimistisch in die Zukunft schauenden, fröhlichen Familien und kompetent und konzentriert arbeitenden Finanzspezialisten oder aber mit Naturbildern – wachsende Bäume, blühende Felder, unter blauem Himmel zum Horizont führende Wege.

Dann bekommt der Anlageberater oder der Private Banker klare Vorgaben, abhängig vom Gesamtvolumen seines Kundenportefeuilles, wie viel Stück er davon absetzen muss. Als weitere Hilfe bekommt er ein Verkaufswording, in dem der vermutete Gesprächsverlauf mit antizipierten Kundenfragen eingearbeitet ist. Im Anhang befindet sich noch ein FAQ («frequently asked questions»), also eine Zusammenstellung der vermutlich am häufigsten gestellten Fragen. Das studiert der Verkäufer, anschließend greift er zum Telefonhörer und lässt seinen Charme spielen. Da bei diesem Core-Satellite-Gebastel zurzeit Analogien aus der Kernphysik wohl etwas suboptimal wären, spricht er einleitend von Bienenstöcken, bei denen ja auch um einen Mittelpunkt herum fleißige Arbeitsbienen Nektar herbeischleppen. Denn von bewährten Mechanismen in der Natur lernen kann auch bei der umsichtigen Vermögensanlage nicht schlecht sein, und darf ich Ihnen die Unterlagen zum Unterzeichnen zustellen?

Zentral bei jedem Wording ist aber immer die richtige Antwort, wenn der Kunde sich als fachtechnisch beschlagen erweist und eine Frage stellt, die der Verkäufer mangels Finanzkompetenz nicht beantworten kann. Dafür wird in jedem Wording aus dem Stehsatz vorgegeben: «Das ist eine sehr gute Frage, liebe/r Herr/Frau XY. Ich werde mich da gerne ausführlicher dokumentieren und komme dann wieder auf Sie zu.»

Z **Zins, der** ▶ Zinsen sind das Entgelt für das Risiko eines Investors. Das Risiko besteht in einer Wette auf die Zukunft. Die Wette besteht darin, dass mit dem investierten Geld eine Wertschöpfung erwirtschaftet wird, die es dem Schuldner erlaubt, die Investition samt Zinsen zurückzuzahlen.

Die Herren der Zinsen sind die wichtigsten Notenbanken der Welt, also in erster Linie das FED in den USA, die Europäische Zentralbank und Nippon Ginko, die Bank of Japan. Ihre Leitzinsen liegen seit Jahren zwischen null und einem Prozent.

Das bedeutet, dass der wichtigste Rohstoff des Finanzkreislaufs faktisch gratis ist. Das hat zur Folge, dass die entscheidende Relation zwischen Risiko und Zinshöhe völlig aus dem Ruder gelaufen ist. Das wiederum bewirkt, dass Geld nicht mehr zur Wertschöpfung eingesetzt wird, sondern zur Spekulation. Denn in der von den Bankern sogenannten Realwirtschaft ist das Gewähren eines Kredits mit umfangreichen Abklärungen, Analysen und relativ bescheidenen Profitraten verbunden. Zudem hat eine solche Investition normalerweise einen Zeitrahmen von Jahren. Die Herstellung eines Finanzderivats, also eines Wettscheins ohne Wert, seine → *Hebelung* mit Gratisgeld und das rein vom Volumen – und nicht vom Ertrag – abhängige Einstreichen von Kommissionen hingegen funktioniert schnell, mit wenigen Klicks auf der Tastatur und weitgehend risikolos, allerdings völlig ohne Wertschöpfung.

Deswegen werden niedrige Zinsen immer von gewaltigen Finanzblasen begleitet. Oder andersherum: Wenn das durch den Zinssatz ausgedrückte Verhältnis zwischen Risiko und Ertrag in der Realwirtschaft funktioniert, gibt es keine Finanzblasen. So wie Anfang der 80er-Jahre in den USA oder in Brasilien heute.

Niedrige Zinsen nützen Spekulanten und den Börsen und führen zu Blasenbildungen im Finanzgeschäft oder beispielsweise im Immobilienmarkt. Zwei einfach verständliche Beispiele können das illustrieren.

Es kann ja wohl nicht sein, dass eine Immobilie mit einem realen Wert von 1 000 000 Franken, Dollar oder Euro bei einem Zinssatz von 2 Prozent mit 20 000 im Jahr finanziert werden kann. Genauso wenig, wie es sein kann, dass durch die derart stimulierte Nachfrage eine Immobilie innerhalb von zehn Jahren ihren Wert verdoppelt.

Bei einer Investitionsentscheidung in der Realwirtschaft spielt die Höhe des Zinssatzes in einer normalen Payback-Rechnung über fünf Jahre nur eine untergeordnete Rolle. Viel wichtiger als die Frage, ob für aufzunehmendes Kapital 3, 5 oder 10 Prozent Zinsen gezahlt werden müssen, sind Faktoren wie Distribution, Marktbedürfnisse, rechtzeitige Fertigstellung der Produktionslinie, Konkurrenz mit Mitbewerbern, Bedienung eines realen Bedürfnisses, Preisgestaltung des Produkts, Haltbarkeit, technische Umsetzbarkeit, Gefährdung durch neue Entwicklungen, sich verändernde Rahmenbedingungen, neue Gesetze und Vorschriften usw. Selbst die Bestimmung der Höhe des Marketingbudgets ist normalerweise eine Entscheidung, auf die entschieden mehr Aufmerksamkeit verwendet wird als auf die Höhe des aktuell geltenden Schuldzinses.

Niedrige Zinsen sind also kein Gegengift für eine kranke Wirtschaft, sondern reines Gift.

Zurück ins Mittelalter

Wenn ein Bankhaus zu groß ist, um unterzugehen, ist es der sicherste Hort für Wirtschaftskriminelle.

Alles ist denkbar, nichts ist unmöglich. Schlimmstenfalls werden wir einen Rückfall ins Mittelalter erleben. Mitsamt dem Zusammenbruch der sozialen Ordnung, Faustrecht und Willkür. Im Banking sind wir schon längst so weit.

Im Mittelalter war die Welt für den Menschen ein rätselhafter Ort. Schleuderten zornige Götter Blitze, waren Erdbeben, Missernten oder Krankheiten eine Strafe von Mächten, deren unerforschlicher Ratschluss den Menschen verborgen war? Konnte man durch Beschwörung, Opfergaben, durch die Zauberformel eines Schamanen Besserung bewirken? Vielleicht halfen ja die Muster in der Asche, um wenigstens die Zukunft vorhersagen zu können. Oder es mochten die Tänze eines Regenmachers Abhilfe schaffen, um die erntebedrohende Dürre zu beenden. Die Welt erschien als undurchdringlicher Dschungel, voller Fallen, unbeherrschbar, unverständlich, dem menschlichen Eingriff weitgehend entzogen.

In diese Finsternis brachten die Naturwissenschaften Licht, die Aufklärung zeigte den Ausgang aus der selbstverschuldeten Unmündigkeit. Blitze, Erdbeben, Missernten und Krankheiten wurden erforscht und erklärt, Schutz, Abhilfe und Heilung möglich. Die ersten Bankhäuser der Bardi, Peruzzi und Acciaiuoli aus Florenz eröffneten Filialen in ganz Europa, waren in

Bilanz zu erstellen, Kredite zu vergeben und Einlagen entgegenzunehmen.

Aber was florentinische Bankiers mit Federkielen herstellen konnten, nämlich eine verständliche und überschaubare Bilanz, ist für eine Bank im 21. Jahrhundert ein Ding der Unmöglichkeit. Die banale Frage: Wie viel ist eine beliebige Bank, zum Beispiel die UBS oder die Deutsche Bank, heute, in diesem Augenblick wert?, kann nicht beantwortet werden. Daran haben sich die Notenbankchefs der Welt in Basel wieder einmal die Zähne ausgebissen. Kernkapital, Eigenkapitalquote, Tier 1, core Tier 1, die Verwendung von Rechnungslegungsprinzipien nach US GAAP FER oder Swiss GAAP FER oder doch IFRS 7 – keine vernünftige oder nachvollziehbare Aussage ist möglich. Staatliche Regulierung ist hier zum absurden Theater verkommen, denn die Berechnung der Risikogewichtung, der Verbindlichkeiten, aus denen sich das nötige Eigenkapital ableiten würde, ist ein dermaßen monströses Tohuwabohu, dass die Kalkulation den Bankern selbst überlassen wurde. Der eigentlich zu Kontrollierende kontrolliert sich selbst, ein Stück aus dem Tollhaus.

Es herrscht reine Willkür, dem Herstellen von weiteren Luftnummern ist Tür und Tor geöffnet. Wenn selbst das nicht reicht, werden noch Zweckgesellschaften zum Auslagern von Risiken oder Instrumente wie «Repo 105» aus dem Hut gezaubert, Schminke zum Aufhübschen einer leichenblassen Quartalsbilanz. Wie im Mittelalter Schamanen, Zaubermeister, Geisterbeschwörer gutes Geld mit Orakelsprüchen, Zaubertränken und Schicksalsbeeinflussungen verdienten, wie es damals Regenmacher, Heiler und Beschwörer gab, gibt es heute den Trickser. Den Bilanztrickser, der Risiken auslagert, undurchschaubare Risikogewichtungen erfindet, Holdingstrukturen und Firmengeflechte, stille und laute Reserven – in einem Gedanken: einen simplen Kassensturz in ein Zahlengebirge verwandelt, an dem jeder Bergsteiger scheitern muss.

Schlimmer noch: 700 Jahre nach der Gründung der ersten Geschäftsbanken hat sich in den letzten Jahrzehnten in der sogenannten Finanzwissenschaft die Gewissheit verdichtet, dass nicht nur das Begreifen grundlegender Gesetze und Mechanismen, sondern auch die daraus resultierende Beherrschbarkeit von finanzwirtschaftlichen Abläufen ein Niveau erreicht haben, das die Finanzwelt nicht mehr von exakten Wissenschaften wie Mathematik oder Physik unterscheide. Modernes «Financial Engineering» mache den Geldhandel kontrollierbar, lenke wie in kommunizierenden Röhren die Geldströme dorthin, wo sie gebraucht werden, Katastrophen und Unglücksfälle gehörten der Vergangenheit an. Die moderne Banker-Alchemie behauptet gar, mit Modellen, Algorithmen und Formeln das Risiko aus Finanztransaktionen herausrechnen zu können.

Doch in Wirklichkeit hat sich die moderne Finanzwirtschaft in ein undurchdringliches Dickicht verwandelt, moderner formuliert: in ein überkomplexes System, in dem die Finanzingenieure meinen, wenn sie an der Schraube unten links drehen, dann bewege sich oben rechts ein Rad im Uhrzeigersinn. Ursache und Wirkung, wie in der Physik. In der politischen und ökonomischen Realität, wie nicht nur die aktuelle Finanzkrise beweist, ist das nur eine von vielen Möglichkeiten. Manchmal bewegt sich das Rad überhaupt nicht, manchmal im Gegenuhrzeigersinn, und manchmal fällt es auch einfach ab. Was sich heute im Finanzmarkt abspielt, hat sich in ein undurchsichtiges, multifaktorielles, mit keinem Modell, nicht einmal mit der Chaostheorie, erfassbares Konglomerat von Ereignissen verwandelt, die sich weitgehend der Beschreibung, der Analyse und vor allem der Beherrschbarkeit entziehen. In einem fundamentalen Bereich, der nun einmal die Basis unseres Lebens bildet, in der Wirtschaft, und dort in erster Linie in der Finanzwirtschaft, sind wir in weitem Bogen von Unkenntnis und Gottes unerforschlichem Ratschluss über Erkenntnisse von grundlegenden Mechanismen wieder zu einem unverständlichen, sich unserer Beeinflussung entziehenden Chaos zurückgekehrt, in dem Ursache und Wirkung, Logik, Rationalität, unwiderlegbare Axiome und andere Paramenter logischen Denkens hinter einer Nebelwolke von pseudowissenschaftlichem Geschwätz verschwunden sind.

Falls eintritt, was nach modernsten finanztheoretischen Erkenntnissen gar nicht eintreten kann und darf, nämlich die Fast-Kernschmelze des Finanzsystems, werden plötzlich wieder alte Ausdrücke wie «unvorhersehbare Katastrophe», «Tsunami auf den Finanzmärkten», «Erdbeben» oder moderner «durch kein Modell antizipierbare Entwicklung» verwendet, als herrschten im Finanzmarkt Naturgewalten, lenkten unsichtbare Hände, gäbe es wieder zornige Götter. Und alle mathematischen Modelle wie das von Fischer Black und Myron Scholes zur Bewertung von Finanzoptionen, die angeblich die zukünftige Kursentwicklung vorhersagen können, diese Wettscheine handel- und verpackbar machten, entlarven sich plötzlich als das, was sie immer schon waren: Muschelwerfen in Form von mathematischen Formeln. Und die Regenmacher, wie sich heute erfolgreiche Investmentbanker gerne nennen lassen, stehen plötzlich im Regen wie ihre mittelalterlichen Vorbilder in deren besten Momenten.

Der Vulkan, auf dem die Banker ihren Money-Rap tanzen, ist kein Naturphänomen, sondern menschengemacht. Denn die Ursache der größten Finanzkrise aller Zeiten, die völlige Entwer-

tung der Ware Geld, die massenhafte Herstellung und Gratisver-
teilung des wichtigsten Rohstoffs der Wirtschaft, all das haben
die Notenbanken mit ihrer verbrecherischen Niedrigzinspolitik
zu verantworten, in den USA, in Europa und in Japan. Was wir
hier erleben, ist der reine Aberwitz. Deutlich gestiegenen Risiken
stehen auf faktisch null gesunkene Risikoprämien gegenüber.
Während es wohl noch nie so risikoreich war wie heute, Kapital
anzulegen, gab es noch nie dermaßen lächerliche Zinsen dafür.
Denn hier wurde ein Grundsatz der Wirtschaft außer Kraft gesetzt: Höhere Risiken müssen höhere Risikoprämien abwerfen.
Der Kapitalgeber, also der Risikonehmer oder Investor, muss
einen anständigen Zinssatz, eine Rendite, einen Ertrag bekommen, der in einem vernünftigen Verhältnis zu seinem Wagnis stehen müsste, reales Geld in ein zukunftsbezogenes Versprechen zu
investieren. Denn nichts anderes sind ja alle Finanzinstrumente
wie Obligationen, Aktien oder wie auch immer geartete Garan-
tiescheine, plus der daraus abgeleitete Derivatezoo.

Wir müssen uns vor Augen halten, dass sowohl potenzielle
Gewinne wie auch Schulden immer zukunftsgerichtet sind. Wir
können weder aus der Vergangenheit Profit schöpfen noch in der
Vergangenheit Schulden machen. Deshalb beruhen beide Handlungen weniger auf mathematisch-naturwissenschaftlich bere-
chenbaren Gesetzen, sondern auf irrationalen Kriterien wie Vertrauen und Versprechen. Wer Geld verleiht, tut es im Vertrauen
auf das Versprechen, dass er es irgendwann in der Zukunft wieder
zurückbekommt. Wer Schulden macht, tut es im Vertrauen, dass
er irgendwann in der Zukunft in der Lage sein wird, sie wieder
zu saldieren. Gläubiger wie Schuldner werden normalerweise von
allzu wildem Agieren dadurch abgehalten, dass vernünftige Zin-

sen klare Grenzen setzen. Außer dieses Korrektiv ist außer Kraft gesetzt. Wie heute.

Besonders perverse Reaktionen hat diese vermeintlich nie versiegende, munter und gratis sprudelnde Geldquelle in der mutwillig deregulierten Finanzbranche ausgelöst. Die Einführung der Haftungsbeschränkung für Banken, Regressfreiheit und Verantwortungslosigkeit haben mittelalterliche Monster geschaffen. Denn wer kein nennenswertes Eigenkapital hat, haftet nicht. Wer nicht haftet, zockt. Er sucht das Risiko, im gesunden Wissen darum, dass Gewinne privat eingesteckt und Verluste sozialisiert werden. Es ist müßig, darüber zu spekulieren, ob die Rettung der internationalen Finanzmärkte Steuerzahler, Sparer und Rentner eine Billion, zwei oder fünf gekostet hat. Auf jeden Fall so viel, dass die meisten Industriestaaten der Welt inzwischen völlig verlumpt sind und Schulden angehäuft haben, die schlichtweg nie mehr zurückbezahlt werden können.

Bevor sich der Nebel des Vergessens darüber legt, darf wiederholt werden, dass diese Finanzkrise durch den größten Bankraub aller Zeiten ausgelöst wurde. Denn eine hochbezahlte Tätigkeit, die keine Wertschöpfung, sondern im Gegenteil ein Desaster verursacht, aber dennoch mit Multimilliardenboni honoriert wird, ist nichts anderes als Diebstahl. Inzwischen verdienen sich dieselben Finanzmarktteilnehmer nochmals dumm und krumm, indem sie Schuldpapiere der Staaten unters Volks bringen. Während sie gleichzeitig Wetten darauf abschließen, dass genau diese Staaten bankrottgehen.

Das kann man mit Fug und Recht als Erfindung des Perpetuum mobile in der Finanzwelt bezeichnen. Der Banker als Bankräuber marschiert mit seiner Beute raus, der Staat füllt die geplünderten Tresore wieder auf und sagt: Auf eine Neues, meine

Herren, die Selbstbedienung kann weitergehen, help yourself, wer hat noch nicht, wer will noch mal. Da aber dieses vermeintliche Perpetuum mobile nur funktioniert, solange die Staaten selbst nicht völlig ausgeplündert sind, führt seine Benutzung über kurz oder lang ins Horrorkabinett der Wirtschaft: Staatsbankrotte, Massenarbeitslosigkeit, Hyperinflation, Unruhen, Zerfall der sozialen Ordnung. Ein normaler Bankraub hat ja überschaubare Folgen. Meist wird der Täter geschnappt, die Beute wiederbeschafft, oder die betroffene Bank greift auf ihre Versicherung zurück. Wenn aber Bankraub zu einer kontinuierlichen Tätigkeit wird und sich in einer Größenordnung abspielt, bei der wir bereits von einem messbaren Prozentsatz im Vergleich mit dem Weltbruttosozialprodukt sprechen können, dann sprengt die Tat nicht nur die Bank, sondern das ganze System.

Im festen und leider berechtigten Vertrauen auf die Vergesslichkeit des Publikums wird während den Aufräumarbeiten nach der letzten Finanzkrise wie ein Mantra ständig wiederholt: Diesmal ist alles anders. Das ist ein Satz, der immer und immer wieder am Anfang einer neuen fundamentalen Krise steht.

Dieser Satz wird gebetsmühlenartig vor allem von Finanzwissenschaftlern wiederholt. In den 30er-Jahren des letzten Jahrhunderts ging man davon aus, dass sich ein Weltkrieg nicht wiederholen werde, politische Stabilität, globales Wachstum und geringe Schuldenlast der Entwicklungsländer würden keine Krise entstehen lassen. Diesmal ist alles anders. Es folgte die zweitgrößte Wirtschaftskrise aller Zeiten und in direkter Folge der Zweite Weltkrieg. Der Schuldenkrise der 80er-Jahre ging die Illusion voran, dass hohe Rohstoffpreise, niedrige Zinssätze und das Recyceln der Einnahmen Erdöl exportierender Länder in Form von Bankkrediten an Entwicklungsländer vor allem in Lateinamerika stabile Verhältnisse garantierten. Diesmal ist alles anders. Es folgten Staatsbankrotte und ein verlorenes Jahrzehnt für Lateinamerika. Die schuldenkrise der 90er-Jahre in Asien setzte ein, als die einhellige Meinung herrschte, dass diese Region eine konservative Fiskalpolitik betreibe, dazu stabile Wechselkurse, hohe Wachstums- und Sparquoten und dazu das unschlagbare Argument, dass es in dieser Region Asiens noch nie eine Finanzkrise gegeben habe. Diesmal ist alles anders. Die asiatischen Tigerstaaten brachen sich bei der unsanften Landung alle Beine. Die Schulden-krise Lateinamerikas der 1990er-Jahre entwickelte sich aus der Annahme, dass Anleiheschulden sicherer sind als Bank-schulden, da allfällige Neuverhandlungen der Schuldentil-gung um ein Vielfaches komplizierter seien. Diesmal ist alles anders. Argentinien und andere Länder bemühen sich noch heute, die damaligen Schulden abzutragen. Und schließlich die aktuelle Finanzkrise, eingeleitet von Globalisierungsfantasien, einem angeblich besseren Verständnis von Geldpolitik, der Überlegenheit von verbrieften Schuldtiteln. Diesmal ist alles anders. Diesmal ist wirklich einiges anders, denn wir haben eine gute Chance, durch diese Krise, wie am Anfang erwähnt, ins Mittelalter zurückkatapultiert zu werden.

Immer wieder tauchte also ein neuer schwarzer Schwan auf, der die Behauptung, es gebe nur weiße Schwäne, widerlegt. Der libanesisch-amerikanische Statistiker Nassim Nicholas Taleb hat mit seiner Metapher vom schwarzen Schwan ein treffendes Bild geschaffen, das alle Behauptungen der Finanzwissenschaft, dass eine erweiterte und vertiefte Erkenntnis und Beherrschung der fundamentalen wirtschaftlichen Gesetzmäßigkeiten eine Wiederholung von Katastrophen verhindern könne, Schall und

Rauch werden lässt. Vor allem: Taleb wusste, wovon er sprach, hat er doch jahrelang als Mathematiker nichts anderes gemacht, als Wall Street mit solchem Derivategebastel zu versorgen.

Als einzige Konstante zieht sich durch die jüngere Geschichte, dass die Wirtschaftswissenschaft in ihrer unseligen Einfalt trotz all dieser Mega-Unfälle unbeirrt an zwei Aussagen festhält: Jetzt, heute haben wir es aber im Griff. Denn diesmal ist alles anders. Trotz Supercomputern, Wissenschaftern, Universitäten, die jedes Jahr Tausende von neuen Spezialisten ausspucken, deren Gewissheit, wir haben alles im Griff, und diesmal ist alles anders, genauso fest sitzt wie der Krawattenknopf, trotz alldem gilt wie bei weiland Sokrates nur: Wir wissen, dass wir nicht wissen.

Gibt es da keine Hoffnung? Ja und nein. Eigentlich wäre die Lösung ganz einfach. Die Katastrophe wurde angerichtet durch tiefe Zinsen, warum sollten noch tiefere Zinsen die Katastrophe wieder ungeschehen machen? Es helfen nur der klare Blick und die Erkenntnis, dass alleine eine Heraufsetzung der Zinsen dem aktuellen Unsinn ein Ende machen würde.

Aber statt das geschieht, machen sich die Staaten auf eine geradezu alberne Art zu Komplizen den Bankensystems. Durch die kurzsichtige Rettung des internationalen Finanzsystems und die Übernahme der Schäden, die der größte Bankraub aller Zeiten angerichtet hat, sind die Staaten auf Gedeih und Verderb der Niedrigzinspolitik ausgeliefert, die sie ohne Not perpetuieren, was sie als Herrscher über die Notenpressen leider können, um den Anschein zu erwecken, sie seien in der Lage, die ungeheuerliche Schuldenlast tragen zu können.

Natürlich wollen die Regierungen nicht, dass die Banker damit fortfahren, mit Gratisgeld Luftnummern im virtuellen Raum zu fabrizieren. Aber leider gebricht es den heutigen Staatenlenkern an Weisheit und Intelligenz, wie sie noch Sultan Saladin im Ideenstück «Nathan der Weise» von Gotthold Ephraim Lessing (1729–1781) eigen war. Der Anlass für die großartige Ringparabel war ja, dass Saladin vom Juden Nathan einen Kredit erlangen wollte, mit der finsteren Absicht, ihm mit der Fangfrage nach der richtigen Religion das Geld abzupressen. In diese finanziell prekäre Situation war Saladin geraten, weil er allzu großzügig Geschenke und Gaben verteilt hatte.

Genauso verhalten sich heute Staaten gegenüber Banken und dann gegenüber ihren Steuerzahlern, mit dem bedauerlichen Unterschied, dass Banker und Staatslenker weder weise Berater wie Nathan haben noch die Weisheit der Einsichtsfähigkeit eines Saladin. Die Frage nach der richtigen oder falschen Religion ist heute so unbeantwortbar wie damals. Aber auf die Frage, was denn das einzig mögliche Heilmittel für das aktuelle Finanzschlamassel wäre, gibt es eine verständliche, logische und richtige Antwort: Zinsen rauf.

Natürlich hätte das verheerende Folgen, allerdings in erster Linie für die Banker. Außerdem gibt es keine Alternative dazu, wenn wir nicht einen weiteren Schritt in Richtung Mittelalter machen wollen. Dieser Zwischenschritt zum möglichen Chaos heißt Staatsbankrott.

Hier muss mit einem weitverbreiteten Irrtum aufgeräumt werden: Selbstverständlich kann auch der «lender of the last resort» pleitegehen, das passiert häufig, und keinesfalls nur in Afrika, Lateinamerika oder der Dritten Welt. Die gute Nachricht ist allerdings: Auch das ist kein Weltuntergang. Oder formulieren wir vorsichtiger: Es muss keiner sein. Denn der letzte größere Staatsbankrott Deutschlands führte ohne große Umwege in den Zweiten Weltkrieg. Aber auch das muss ja nicht immer so sein, und häufig war es auch nicht so, sonst wären wir bei der Zählung der Weltkriege bereits bei einer zumindest zweistelligen Ziffer.

Es ist offenkundig: Der größte Bankraub aller Zeiten geht munter weiter. Für das Jahr 2010 zahlen alleine US-Banken, die allesamt noch bis vor Kurzem am Staatstropf hingen, Boni in der Höhe von 130 Milliarden Dollar aus. Diesen neuen Weltrekord stellten die Banker auf, obwohl 2010 die Gewinne 20 Prozent unter dem Vorjahr lagen. Die persönliche Bereicherung hat sich also vom Ertrag der Firmen, in denen diese Angestellten arbeiten, völlig losgelöst. Die Absichten der modernen Finanzschamanen unterscheiden sich nicht von denen ihrer Vorläufer im Mittelalter. Denn damals wie heute wusste man: Das Leben ist kurz, und das Ende ist nahe.

René Zeyer, 2011

Ratschläge für Neugierige

Vier Bücher, die Sie lesen sollten, wenn Sie mehr über den modernen Finanzwahnsinn und sein Innenleben wissen wollen:

Michael Lewis: The Big Short. Wie eine Handvoll Trader die Welt verzockte. Frankfurt, 2010

Carmen M. Reinhart & Kenneth S. Rogoff: Dieses Mal ist alles anders. Acht Jahrhunderte Finanzkrisen. München, 2010

Hans-Werner Sinn: Kasino Kapitalismus. Wie es zur Finanzkrise kam und was jetzt zu tun ist. Berlin, 2010

Laurent Quintreau: Und morgen bin ich dran. Das Meeting. Zürich, 2009